Spirito,
Anima
e Corpo I

Storia della misteriosa ricerca del sé

Spirito, Anima e Corpo I

Dott. Jaerock Lee

URIM BOOKS

Spirito, Anima e Corpo I – Dott. Jaerock Lee
Pubblicato da Urim Books (Rappresentato da Kyungtae Noh)
73, Yeouidaebang-ro 22-gil, Dongjak-gu, Seoul, Corea
www.urimbooks.com

Precedentemente pubblicato in coreano da Urim Books nel 2009

Data prima pubblicazione agosto 2014

A cura del Dott. Geumsun Vin
Progettato dal Bureau Editoriale di Urim Books
Per maggiori informazioni contattare: urimbook@hotmail.com

Prefazione

La gente, di solito, desidera dalla propria esistenza un discreto successo e una vita comoda e felice. Purtroppo, nessuno, neanche l'uomo più ricco, più potente o più famoso del mondo, può sfuggire alla morte. Shir Huang-di, il primo imperatore della Cina antica, dedicò tutta la sua vita alla ricerca di una pianta in grado di produrre un elisir di lunga vita, ma, come sappiamo, non la trovò, visto che non poté evitare la sua morte. Tuttavia, attraverso la Bibbia, Dio insegna come ottenere la vita eterna, che scorre fino a noi per mezzo di Gesù Cristo.

Dal momento in cui accettai Gesù e iniziai a leggere la Bibbia, cominciai anche a pregare per poter comprendere a fondo il cuore di Dio. Dopo sette anni di preghiere innumerevoli e innumerevoli periodi di digiuno, Dio mi ha risposto. In seguito all'apertura della chiesa, molti brani difficili della Bibbia mi furono spiegati attraverso l'ispirazione dello Spirito Santo. Uno di questi è il passaggio biblico in materia di "Spirito, Anima e Corpo", la storia misteriosa che ci permette di capire l'origine degli uomini e così, di comprendere anche noi stessi. È il racconto di ciò che non ero stato in grado di comprendere per tanto tempo e per questo sono particolarmente felice di condividerlo con quanti vorranno leggere questo libro.

Quando inaugurai il ciclo di insegnamenti sul tema spirito, anima e corpo, iniziammo anche a ricevere molte testimonianze su come queste predicazioni erano state di edificazione e aiuto, sia dalla Corea che dall'estero. Quasi tutti ci raccontavano di aver trovato una realizzazione nella vita, di aver capito che tipo di esseri erano, e di aver ricevuto risposte sia riguardo molti passaggi difficili della Bibbia, sia su come ottenere e vivere una vita piena e soddisfacente. Tra le varie testimonianze che ricevevamo, molti ci dicevano che ora l'obiettivo della loro esistenza era quello di diventare persone spirituali, partecipi della natura divina, come si legge in 2 Pietro 1:4 che dice: *"Attraverso queste ci sono state elargite le sue preziose e grandissime promesse perché per mezzo di esse voi diventaste partecipi della natura divina dopo essere sfuggiti alla corruzione che è nel mondo a causa della concupiscenza"*.

Nel famoso saggio *"L'arte della guerra"*, Sun Tzu dice che se conosci te stesso e il tuo nemico, non perderai nessuna battaglia. I messaggi contenuti in questo libro "Spirito, Anima e Corpo" fanno luce la parte profonda del nostro "Io" e ci ammaestrano riguardo l'origine degli uomini. Una volta imparato e compreso a fondo questo messaggio, saremo anche in grado di comprendere qualsiasi persona e come sconfiggere le forze del male che per tanto tempo ci hanno intaccato, per poi condurre vittoriosi una vita cristiana.

Desidero ringraziare Geumsun Vin, il direttore dell'Ufficio Editoriale, e tutto il suo staff, che si sono così prodigati per la stesura e la pubblicazione di questo volume. Spero che ognuno di voi prosperi in ogni cosa, che prosperi l'anima vostra e che il vostro corpo sia in salute e, che, possiate essere partecipi della natura divina di Dio.

Jaerock Lee

Inizio del viaggio su Spirito, Anima e Corpo

"Or il Dio della pace vi santifichi egli stesso completamente;
e l'intero essere vostro, lo spirito, l'anima e il corpo,
sia conservato irreprensibile per la venuta del Signore nostro Gesù Cristo"
(1 Tessalonicesi 5:23)

Da sempre i teologi discutono riguardo gli elementi che formano l'essere umano, oscillando tra teoria duplice e teoria trina. La prima sostiene che gli uomini si compongono di due parti: lo spirito e il corpo. La seconda, che gli esseri umani sono formati da tre sezioni ben distinte: spirito, anima e corpo. Questo libro si basa sulla teoria trina.

Di solito, la conoscenza può essere catalogata in conoscenza divina e conoscenza umana. È fondamentale e di primaria importanza, per la nostra esistenza terrena, guadagnarci la conoscenza divina. Infatti, saremo in grado di condurre una vita di successo e ottenere la vita eterna quando comprenderemo il cuore di Dio e seguiremo la Sua volontà.

Gli uomini sono stati creati a immagine di Dio, e senza Dio, non possono vivere. Senza Dio gli uomini non possono capire con chiarezza neanche quale sia la loro origine. Otterremo le risposte alla domanda sull'origine dell'uomo solo quando sapremo chi è Dio.

Lo spirito, l'anima, il corpo, appartengono a una ambito che non si può comprendere solo attraverso la conoscenza umana, l'umana saggezza o le nostre capacità. Queste cose può spiegarcele solo Colui che conosce l'origine degli uomini. Questo ragionamento segue la stessa logica che utilizziamo nel cercare un tecnico per il nostro computer: chi lo ha costruito ha le conoscenze professionali sulla struttura e il funzionamento, per cui, sarà il costruttore che potrà risolvere ogni problema o ripararlo. Questo libro è pieno di conoscenza spirituale della quarta dimensione e offre risposte chiare alle domande su spirito, anima e corpo.

Gli elementi distintivi che si apprenderanno dalla lettura di questo libro sono i seguenti:

1. Attraverso la comprensione spirituale di spirito, anima e corpo, che sono le parti di cui si compone l'essere umano, i lettori potranno guardare all'interno del proprio io e ottenere informazioni sulla vita stessa.

2. Il lettore potrà giungere a una piena realizzazione di sé, di chi è veramente e di com'è fatto il proprio "io". Questo libro mostra ai lettori la strada per arrivare dove arrivò l'apostolo Paolo, che disse in 1 Corinzi 15:31: *"Ogni giorno sono esposto alla morte"*, in modo che raggiungano la santità e diventino gli uomini spirituali che Dio desidera.

3. Quando comprendiamo chi siamo veramente, siamo anche in grado di evitare le trappole del nemico, il diavolo, Satana, perché avremo il potere di sconfiggere l'oscurità. Come Gesù disse in Giovanni 10:35: *"Se chiama dèi coloro ai quali la parola di Dio è stata diretta (e la Scrittura non può essere annullata)"*, questo libro mostra la strada diretta che i lettori potranno scegliere di intraprendere verso la natura divina, in modo che ricevano anche tutte le benedizioni che Egli ci promette.

Parte 3 Il recupero dello Spirito

Spirito, Anima e Corpo II
INDICE

Parte 1 Il vasto spazio del regno spirituale

Capitolo 1 Tenebre e Luce
Capitolo 2 A che titolo è possibile entrare nello spazio di luce

Parte 2 Spirito, anima e corpo nello spazio spirituale

Capitolo 1 Differenti luoghi di dimora
Capitolo 2 spirito, anima e corpo nello spazio spirituale

Parte 3 Trascendere i limiti umani

Capitolo 1 Lo spazio di Dio
Capitolo 2 L'Immagine di Dio

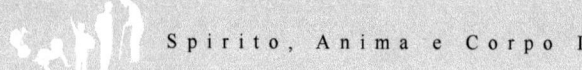

Parte 1

La formazione della Carne

Qual è l'origine dell'uomo?
Da dove veniamo e dove stiamo andando?

Sei tu che hai formato le mie reni,
che mi hai intessuto nel seno di mia madre.
Io ti celebrerò, perché sono stato fatto in modo stupendo.
Meravigliose sono le tue opere,
e l'anima mia lo sa molto bene.
Le mie ossa non ti erano nascoste,
quando fui formato in segreto
e intessuto nelle profondità della terra.
I tuoi occhi videro la massa informe del mio corpo
e nel tuo libro erano tutti scritti
i giorni che mi eran destinati,
quando nessuno d'essi era sorto ancora.
- Salmo 139:13-16

Capitolo 1
Concetto di "Carne"

Il corpo che diventa una manciata di polvere con il passare del tempo, tutto il cibo che mangia, tutte le cose che vede, sente e gusta, tutto ciò di cui si compone un essere umano. Ecco, questi sono tutti esempi di "carne".

Cosa si intende per "carne"?

Gli uomini sono indegni, di nessun valore, se rimangono carne

Tutte le cose dell'universo esistono in dimensioni diverse

Le cose che dimorano nelle dimensioni superiori sottomettono e esercitano il controllo su quelle che esistono nelle dimensioni inferiori

Nel corso della storia del genere umano le persone hanno avidamente cercato la risposta alla domanda "Che cosa è l'uomo?" Questo perché la risposta al quesito esistenziale più ripetuto fornisce riposte alle altre domande esistenziali: "Perché viviamo?" e "Che senso ha la nostra vita?" Nonostante i tanti studi e le ricerche sull'esistenza dell'uomo sia dalla filosofia sia dalla religione, non è facile trovare una risposta chiara e concisa a queste domande.

Ciononostante, l'uomo continua ripetutamente e costantemente a cercare risposta alle domande esistenziali: "Che genere di essere è l'uomo?" e "Chi sono io?" Queste domande sono fondamentali perché le risposte potrebbero essere la chiave per risolvere i problemi fondamentali dell'esistenza umana. Gli studi terreni non sono in grado di dare una risposta chiara a queste domande. Solo Dio può. Egli ha creato l'universo e tutte le cose contenute in esso, e anche l'uomo. Le risposte di Dio sono quelle corrette, e, si trovano nella Bibbia, che è la sua Parola.

I teorici spesso tendono a classificare le parti che compongono un essere umano in due categorie, il suo "spirito" e il suo "corpo". La sezione che compone gli aspetti mentali è classificata come "spirito" e la parte composta da quelli visibili, cioè l'aspetto fisico, è chiamata "corpo". Tuttavia, la Bibbia suddivide l'uomo in tre parti: spirito, anima e corpo.

In 1 Tessalonicesi 5:23 si legge: *"Or il Dio della pace vi santifichi egli stesso completamente; e l'intero essere vostro, lo spirito, l'anima e il corpo, sia conservato irreprensibile per la venuta del Signore nostro Gesù Cristo".*

Spirito e anima non sono la stessa cosa. Non differiscono solo nel nome, sono diversi nella sostanza. Al fine di capire che cosa è l'"uomo", occorre comprendere a fondo anche cosa sono il corpo, l'anima e lo spirito.

Che cosa si intende per "carne"?

Consideriamo in primo luogo la definizione del dizionario della parola "carne": "Nel corpo dell'uomo e degli animali vertebrati, la parte costituita dai muscoli. L'essere umano considerato nella sua corporalità". Ma, per capire a cosa si riferisce alla Bibbia quando parla di "carne", occorre comprenderne il significato spirituale, piuttosto che la definizione del dizionario.

La Bibbia usa molto spesso le parole "corpo" e "carne", e, nella maggior parte dei casi, in relazione al loro significato spirituale. In senso spirituale, la carne è il termine generale che indica le cose che periscono, che cambiano, ciò che scompare in un determinato lasso di tempo, ciò che è sporco e impuro. Gli alberi che hanno foglie verdi e un giorno seccheranno e moriranno,

4

il loro rami e i loro tronchi che diverranno legna da ardere. Gli alberi, le piante e tutte le cose in natura che periscono, decadono e scompaiono con il passare del tempo, sono anche queste "carne".

E che dire dell'uomo, il Signore di tutte le creature? Oggi gli abitanti della terra sono circa 7 miliardi. Anche in questo esatto momento, mentre leggete, in luoghi diversi, bambini nascono e persone muoiono. Quando l'uomo muore, il suo corpo torna a essere una manciata di polvere. Esso è carne. Non solo nella sua manifestazione fisica, perché anche il cibo che si mangia, le lingue parlate, i segni e l'alfabeto che registra i pensieri, la civiltà scientifica e quella tecnologica, tutte le cose di cui gli uomini hanno bisogno, anche queste sono tutte "carne", ché periscono, cambiano e muoiono, con il passare del tempo. Di conseguenza, tutto ciò che è su questa terra, quello che possiamo vedere, come anche tutte le cose dell'universo, così come le conosciamo, sono "carne".

L'uomo, che si è allontanato da Dio, è un essere carnale, e, di conseguenza, ciò che fa è anche quello "carne". Cosa cerca l'uomo carnale? La concupiscenza della sua carne, la concupiscenza degli occhi e la superbia della vita vanagloriosa. Cosa sviluppa l'uomo carnale? Anche le civiltà che l'uomo ha costruito nel corso dei secoli, sono state modellate per soddisfare i cinque sensi. Tutto è orientato alla ricerca del piacere e alla soddisfazione delle passioni e dei desideri carnali. Con il passare del tempo, inoltre, gli uomini sono diventati sempre più bramosi di cose sempre più sensuali e provocanti. Più la civiltà si sviluppa, più il popolo diventa corrotto e avido di lussuria.

La "carne", non è solo qualcosa di fisico e visibile. Infatti, la Bibbia dice che l'odio, i litigi, l'invidia, l'omicidio, l'adulterio, e tutto ciò che è collegato con il peccato, è "carne", pur essendo invisibile. Proprio come il profumo dei fiori, l'aria e il vento sono invisibili ma esistono, anche la natura peccaminosa presente nel cuori degli uomini è invisibile ma esiste. Pertanto, la carne è il termine generale a cui ci si riferisce per definire tutte le cose nell'universo che periscono e cambiano nel corso del tempo, tutte le falsità, come i peccati, il male, l'ingiustizia e l'illegalità.

Romani 8:8 dice: *"...e quelli che sono nella carne non possono piacere a Dio"*. Se per "carne" in questo verso ci si riferisce semplicemente al corpo fisico dell'uomo, allora significherebbe che nessun essere umano potrà mai piacere a Dio. Quindi, deve avere un altro significato.

Gesù disse in Giovanni 3:6, *"Quel che è nato dalla carne è carne e quel che è nato dallo Spirito è Spirito"*, e in Giovanni 6:63: *"È lo Spirito che vivifica, la carne non è di alcuna utilità; le parole che vi ho dette sono spirito e vita"*. In questo passaggio "carne" si riferisce anche alle cose che periscono e cambiano, ed è per questo Gesù dice che non serve a nulla.

Gli uomini sono indegni, di nessun valore, se rimangono carne

A differenza degli animali, gli uomini sono alla ricerca di

valori, come risultato delle loro emozioni e dei loro pensieri. Ma questi non sono eterni, e quindi, sono anch'essi carne. Le cose che gli uomini considerano di valore, come la ricchezza, la fama e la conoscenza sono anche queste senza senso, che presto periscono. E che dire di quel sentimento chiamato "amore"? Di quello che porta due persone a stare insieme, a ripetersi che non possono vivere l'uno senza l'altro? Molte di queste coppie cambiano idea dopo il matrimonio, sono facilmente irritabili, spesso frustrati e a volte, assumono anche comportamenti violenti solo perché non piace qualcosa. Anche tutti questi cambiamenti di umore sono "carne". Se gli uomini rimangono "carne" in questo modo, non sono poi così diversi dagli animali o dalle piante. Agli occhi di Dio, tutte le cose sono solo e soltanto carne, che prima o poi periranno, scomparendo.

1 Pietro 1:24 dice: *"Ogni carne è come l'erba, e ogni sua gloria come il fiore dell'erba. L'erba diventa secca e il fiore cade"*. Giacomo 4:14 dice: *"Non sapete quel che succederà domani! Che cos'è infatti la vostra vita? Siete un vapore che appare per un istante e poi svanisce"*.

Il corpo e tutti i pensieri degli uomini sono privi di ogni significato se separati dalla Parola di Dio, che è spirito. Re Salomone fu l'uomo che più di ogni altro poté godere di tutto l'onore, la ricchezza e lo splendore di cui un uomo può godere su questa terra, ma si rese conto del significato della carne e disse: *"Vanità delle vanità, dice l'Ecclesiaste, vanità delle vanità, tutto è vanità. Che profitto ha l'uomo di tutta la fatica che sostiene sotto il sole?"* (Ecclesiaste 1:2-3)

Tutte le cose dell'universo esistono in dimensioni diverse

Le dimensioni in fisica o in matematica, sono misurate dal calcolo delle tre coordinate che determinano la posizione in uno spazio. Un punto su una linea ha una coordinata, ed è mono-dimensionale. Un punto su un piano ha due coordinate, ed è bidimensionale. Allo stesso modo un punto in uno spazio ha tre coordinate, ed è tridimensionale.

Lo spazio in cui viviamo, in termini di fisica, è un mondo tridimensionale. Una parte più profonda della fisica, studia il tempo e lo considera come una quarta dimensione. Questo è ciò che dice la scienza riguardo il calcolo delle dimensioni o di un volume.

Dal punto di vista spirituale, tutto ciò che riguarda l'anima e il corpo, generalmente, si distingue tra dimensione fisica e dimensione spirituale. La dimensione fisica, come appena detto, è classificabile da non-dimensionale a tridimensionale terzo. Con termine non-dimensionale si fa riferimento a tutte le cose che non hanno vita. Rocce, suolo, acqua, e tutti i metalli, appartengono a questa categoria. Tutte le cose viventi appartengono alle altre categorie: mono, bi e tridimensionale.

La prima dimensione raggruppa tutte le cose che hanno vita e respirano, ma non possono muoversi, che non hanno una mobilità funzionale. Questa dimensione include fiori, erba, alberi e altre piante. Hanno un corpo, ma non hanno l'anima e lo spirito.

La seconda dimensione include gli esseri viventi che respirano, si possono muovere e hanno sia un corpo sia un'anima. Sono gli animali, come i leoni, le mucche e le pecore, gli uccelli, i pesci e gli insetti. I cani, in grado di riconoscere il loro padrone o di abbaiare agli estranei, perché hanno un'anima.

La terza dimensione comprende le cose che respirano, si muovono, hanno un'anima, uno spirito e un corpo visibile. Questi sono gli esseri umani, l'uomo, il Signore di tutte le creature. A differenza degli animali, gli uomini hanno uno spirito. Essi sono in grado di pensare e di cercare Dio, e di credere in Lui.

Infine, vi è anche la quarta dimensione, la dimensione spirituale, che è invisibile ai nostri occhi. È la dimensione di Dio, che è spirito, dell'esercito celeste e degli angeli, dei cherubini e di tutti gli esseri che appartengono al mondo spirituale.

Le cose che dimorano nelle dimensioni superiori sottomettono e esercitano il controllo su quelle che esistono nelle dimensioni inferiori

Gli esseri della seconda dimensione esercitano il loro controllo e sottomettono gli esseri e le cose della prima dimensione o di quelle inferiori. Gli esseri tridimensionali possono sottomettere, e anche esercitare controllo sugli esseri della seconda dimensione o inferiore. Gli esseri che appartengono alle dimensioni inferiori non sono in grado di comprendere le dimensioni superiori. Le forme di vita mono-dimensionali non possono capire la seconda dimensione e tanto meno le forme di esistenza tridimensionali. Così è vero per gli esseri della seconda dimensione riguardo la terza dimensione, gli è incomprensibile. Ad esempio, si supponga che una persona abbia seminato un certo tipo di seme in un determinato terreno, lo abbia irrigato e se ne prenda costantemente cura. Poi, quando sarò germogliato e cresciuto, quando diventerà un albero e porterà del frutto, quel seme non sarà assolutamente in grado di comprendere ciò che l'uomo ha fatto, mai sarà consapevole che un uomo si è preso cura di lui e lo ha piantato. Quando i vermi vengono calpestati dagli uomini e muoiono, non sanno il perché. Le dimensioni superiori possono sottomettere e controllare gli esseri inferiori, e più in generale, le dimensioni inferiori non hanno altra scelta, che quella di essere governate dalle dimensioni superiori.

Allo stesso modo, gli esseri umani che, sono esseri tridimensionali, non comprendono il regno spirituale, che appartiene al mondo quadridimensionale. Ecco perché gli uomini di "carne", davvero, non sono in grado di fare nulla di fronte a qualsiasi cosa abbia a che fare con la sottomissione e il controllo dei demoni. Ma, se ci liberiamo della carne e diventiamo uomini di spirito, allora potremo entrare e agire nel mondo della quarta dimensione, e anche, di sottomettere e sconfiggere gli spiriti maligni.

Dio, che è spirito, desidera che i suoi figli comprendano il mondo quadrimensionale, così potranno capire la sua volontà, ubbidirgli e ottenere una vita degna di essere vissuta. In Genesi capitolo 1, prima che Adamo mangiasse dall'albero della conoscenza del bene e del male, sottometteva e regnava su tutte le cose. Un tempo Adamo era uno spirito vivente e apparteneva alla quarta dimensione. Ma, dopo aver peccato, il suo spirito morì. Non solo Adamo, ma anche tutti i suoi discendenti da ora in poi sarebbero appartenuti alla terza dimensione. Vediamo, dunque, come, gli uomini, che sono stati creati da Dio, sono caduti nella terza dimensione, e come possono tornare al mondo della quarta dimensione.

Capítulo 2
La Creazione

Dio Creatore ha concepito un piano straordinario per la coltivazione umana. Egli separò lo spazio che aveva creato in mondo fisico e mondo spirituale, poi ha creato i cieli e la terra e tutte le cose che si trovano in essa.

1. La misteriosa separazione degli spazi

2. Spazio fisico e spazio spirituale

3. Uomini con Spirito, Anima e Corpo

Prima che il tempo avesse inizio, Dio già esisteva, ed era solo nell'universo. Egli sussisteva come la Luce e governava sopra ogni cosa, muovendosi tra i vasti spazi dell'universo. In 1 Giovanni 1:5 è scritto che Dio è Luce. Questo verso si riferisce in primo luogo alla luce spirituale, certo, ma anche a Dio che esisteva come luce (quella che illumina) prima dell'inizio dei secoli.

Nessuno ha creato o partorito Dio. Egli è l'essere perfetto che esiste da sé stesso. Pertanto, non dobbiamo e non possiamo cercare di comprenderlo attraverso la nostra potenza limitata e limitata conoscenza. Giovanni 1:1 contiene il segreto dell'inizio: *"Nel principio era la Parola"*. Questa è la spiegazione relativa alla forma di Dio prima dell'inizio del tempo, "Parola", dall'aspetto di luci misteriose e bellissime, che regnava su tutti gli spazi dell'universo.

Quando Giovanni dice "principio" si riferisce a un punto temporale ad ancora prima dell'eternità, un punto che gli uomini non possono immaginare, che va ben oltre il 'principio' di Genesi 1:1, cioè prima dell'inizio della creazione. Quali cose sono accadute prima della creazione del mondo?

1. La misteriosa separazione degli spazi

Il regno spirituale non è molto lontano da noi. Portali che consentono l'ingresso con il mondo spirituale esistono in diverse parti del nostro cielo visibile.

Dopo un periodo molto lungo e indefinito, Dio desiderò avere qualcuno con cui poter condividere il suo amore e tutte le altre cose. Dio, che include in sé sia la natura divina che quella umana, volle condividere tutto ciò che Egli era e aveva con qualcuno, piuttosto che goderne da solo. Con questo pensiero che si espandeva nella sua mente, Egli costituì un piano di coltivazione umana: creare degli uomini, benedirli in modo che aumentassero di numero e si moltiplicassero, fino a costituire un numero infinito di anime simili a Lui da poter raccogliere nel regno dei cieli. Alla stregua di come gli agricoltori coltivano, raccolgono e poi mettono il raccolto nel magazzino.

Dio sapeva che occorreva uno spazio spirituale dove Egli potesse abitare e uno spazio fisico in cui la coltivazione umana avrebbe avuto luogo. Egli separò, così, il vasto universo in due: il regno spirituale e il regno fisico. Da quel momento in poi, Egli esiste come Trino: Dio il Padre, Dio il Figlio e Dio lo Spirito Santo, perché, per compiere il piano della coltivazione umana, che avrebbe avuto luogo in un tempo prestabilito e futuro, occorrevano il Salvatore Gesù e lo Spirito Santo.

Apocalisse 22:13 dice: *"Io sono l'alfa e l'omega, il primo e l'ultimo, il principio e la fine".* L'Alfa e l'Omega è un chiaro riferimento a Dio Padre, che è l'inizio e la fine di tutte le conoscenze, della civiltà degli esseri umani. Il primo e l'ultimo è un riferimento a Dio Figlio, Gesù, che è il primo e l'ultimo della salvezza umana. L'inizio e la fine è lo Spirito Santo, che è l'inizio e la fine della coltivazione umana.

Gesù, il Figlio compie il dovere di Salvatore. Lo Spirito Santo attesta e aiuta a credere che il Salvatore sia venuto nel mondo per realizzare la salvezza umana. La Bibbia parla dello Spirito Santo in vari modi, ne parla come una colomba o come fiamma, e, ovviamente, come "Spirito del Figlio di Dio". Galati 4:6 dice: *"E, perché siete figli, Dio ha mandato lo Spirito del Figlio suo nei nostri cuori, che grida: Abbà, Padre"* e, Giovanni 15:26 dice: *"Ma quando sarà venuto il Consolatore che io vi manderò da parte del Padre, lo Spirito della verità che procede dal Padre, egli testimonierà di me".*

Dio, come Padre Figlio e Spirito Santo, ha assunto forme specifiche nel corso della storia umana per soddisfare la provvidenza della coltura umana, come descritto in Genesi 1.

Quando in Genesi 1:26 dice: *"Poi Dio disse: Facciamo l'uomo a nostra immagine, conforme alla nostra somiglianza...",* il che non significa che gli uomini sono solo simili a Dio, come Padre, Figlio e Spirito Santo, nelle sue sembianze esteriori, ma che lo spirito, che è il fondamento degli uomini, è dato da Dio, e questo spirito ha la somiglianza con

Dio, che è santo.

Mondo fisico e mondo spirituale

Quando Dio viveva da solo, non esistevano distinzioni tra il regno fisico e il regno spirituale, ma, per attuare la coltivazione umana, occorreva un regno fisico in cui gli esseri umani potessero vivere. Ecco perché separò il reame fisico da quello spirituale.

Aver separato il regno fisico da quello spirituale non vuol dire che è averlo diviso in due ambienti completamente disgiunti, o che un universo completo sia stato scisso per dare vita a questi due mondi staccati. Per esempio, supponiamo che ci siano due tipi di gas in una stanza. Aggiungiamo una certa sostanza chimica così uno dei gas acquisisce un colore rosso, in modo da essere distinguibile dall'altro. Sebbene ci siano sempre due gas in questo ambiente, i nostri occhi vedono solo il gas rosso. L'altra sostanza, anche se non è visibile, è certamente lì.

Allo stesso modo, Dio separò il vasto spazio spirituale in un regno fisico visibile e in uno spirituale invisibile. Naturalmente, il reame fisico e quello spirituale non esistono come i due gas dell'esempio, sono sì separati ma si sovrappongono.

A riprova che il mondo fisico e il mondo spirituale esistono separatamente e in modo misterioso, Dio ha posto delle porte d'accesso al regno spirituale in diversi luoghi dell'universo e in molti luoghi nel cielo visibile. Il regno spirituale non è da qualche parte sperduto e lontano. Se Dio aprisse i nostri occhi spirituali, saremmo in grado di vedere il mondo spirituale attraverso quei cancelli.

Quando Stefano ripieno di Spirito Santo vide Gesù che stava alla destra di Dio, fu perché i suoi occhi spirituali furono aperti ed egli vide attraverso uno dei portali d'accesso al regno spirituale (Atti 7:55-56).

Elia fu assunto in cielo da vivo. Il Signore Gesù risorto ascese al cielo. Mosè ed Elia apparvero sul monte della Trasfigurazione. Siamo in grado di capire come questi eventi siano potuti accadere realmente se riconosciamo il fatto che esistono portali che consentono l'accesso al regno spirituale.

Il cosmo è immensamente grande e forse infinito. La regione dell'universo visibile dalla terra (l'universo osservabile) è una sfera con un raggio di circa 46 miliardi di anni luce[1]. Se il regno spirituale esistesse solo dopo la fine dell'universo fisico, anche con la navicella spaziale più veloce mai costruita, il tempo per raggiungerlo sarebbe virtualmente infinito. È poi, immaginate che distanza dovrebbero coprire ogni volta gli angeli per spostarsi tra il regno spirituale e quello fisico? Valicando questi portali d'accesso al regno spirituale, che possono essere aperti e richiusi, invece, è possibile spostarsi tra i due mondi con la stessa facilità con cui si attraversa una porta.

---

[1] Lineweaver, Charles; Tamara M. Davis (2005). "Misconceptions about the Big Bang". Scientific American. Retrieved 2007-03-05.

Dio creò quattro cieli

Dopo che Dio separò l'intero cosmo in regno spirituale e regno fisico, Egli suddivise il cielo in più parti a seconda delle esigenze. La Bibbia, infatti, afferma che non vi è un solo cielo, ma molti cieli, diversi da quello che vediamo con i nostri occhi fisici. In Deuteronomio 10:14 si legge: *"Ecco, al Signore tuo Dio appartengono i cieli, i cieli dei cieli, la terra e tutto ciò che essa contiene..."* e nel Salmo 68:33: *"A colui che cavalca sui cieli dei cieli eterni! Ecco, egli fa risuonare la sua voce, la sua voce potente"*. Re Salomone afferma in 1 Re 8:27: *"Ma è proprio vero che Dio abiterà sulla terra? Ecco, i cieli e i cieli dei cieli non ti possono contenere; quanto meno questa casa che io ho costruita!"*

Dio si è servito del termine "cielo" per esprimere il concetto di regno spirituale, in modo che possiamo comprendere più facilmente gli spazi di cui questo regno si compone. I "cieli" sono stati generalmente classificati in quattro spazi differenti. L'intero spazio fisico tra la nostra terra, il nostro sistema solare, la nostra galassia, e l'universo, è sempre indicato come il primo cielo.

Dal secondo cielo a salire, ci sono gli spazi spirituali. Il giardino dell'Eden e il luogo in cui risiedono gli spiriti maligni, si trovano nel secondo cielo. Dopo che Dio ha creato gli uomini, ha anche creato il giardino dell'Eden, che è l'area più luminosa del secondo cielo. Dio ha portato l'uomo nel giardino lasciandogli sottomettere e governare ogni cosa (Genesi 2:15).

Il trono di Dio si trova nel terzo cielo, che è dove i figli di

Dio dimoreranno, cioè quelli che hanno ricevuto la salvezza attraverso la coltivazione umana.

Il quarto è il cielo il luogo originale in cui Dio già esisteva come la luce prima ancora di separare lo spazio. Questo è uno spazio misterioso da dove l'Eterno compie tutto ciò che ha in mente, oltre ad essere il posto che trascende i limiti di tempo e di spazio.

2. Spazio fisico e spazio spirituale

Sapete perché tanti studiosi della Bibbia, da sempre, tentano di identificare il luogo sulla terra dove si trovava il Giardino dell'Eden, senza riuscirci? Perché il Giardino dell'Eden si trova nel secondo cielo, che è un regno spirituale.

Possiamo dire che Dio separò lo spazio, in uno luogo fisico e in uno spazio. Per i figli che avrebbe avuto attraverso la coltivazione umana, Egli creò il regno dei cieli nel terzo cielo, e impostò la terra nel primo cielo in modo che fosse il palcoscenico su cui si sarebbe vissuta la coltivazione umana.

Genesi capitolo 1 fornisce un breve resoconto del processo attraverso cui Dio compì la creazione in sei giorni. Egli non creò la terra perfetta in una sola azione e fin dall'inizio, ma prima ne pose le fondamenta, poi fece il cielo, poi vi furono movimenti della crosta terrestre a cui seguirono molti fenomeni meteorologici. Egli impiegò molto tempo, impegno e fatica, a volte anche scendendo sulla terra di persona per vedere come andavano le cose, perché questo sarebbe stato il luogo dove avrebbe coltivato i suoi veri figli, la sua coltivazione umana.

Il feto cresce in sicurezza nel liquido amniotico nascosto nel grembo materno. Allo stesso modo, dopo che Egli formò la terra, questa fu ricoperta da enormi quantità di acqua, l'acqua della vita, proveniente dal terzo cielo, finché non fu pronta ad ospitare quello che Egli avrebbe creato. Poi, Dio iniziò la creazione.

Lo spazio fisico, il terreno per la coltivazione umana

Quando Dio disse: "Sia la luce", il primo giorno della creazione, fu la luce spirituale che fuoriesce dal trono di Dio che ricoprì la terra. Così, la potenza eterna di questa luce e la sua natura divina furono incorporate in tutte le cose e tutte le cose sono state controllate dalle leggi della natura (Romani 1:20).

L'Eterno separò la luce dalle tenebre e chiamò "giorno" la luce e "notte" le tenebre, stabilendo così la legge naturale che regolava il flusso del tempo, ancora prima di creare il sole e la luna.

Il secondo giorno, Dio fece il firmamento e separò le acque che erano sotto la distesa dalle acque che erano sopra la distesa. Dio ha chiamato questa distesa cielo, che è il cielo visibile ai nostri occhi. Ecco, il contesto di base per supportare tutte le cose viventi era pronto: c'erano l'aria perché gli esseri viventi potessero respirare, e le nuvole e il cielo, da cui tutti i fenomeni meteorologici avrebbero preso origine.

"Poi Dio disse: «Le acque che sono sotto il cielo siano raccolte in un unico luogo e appaia l'asciutto». E così fu. Dio chiamò l'asciutto «terra», e chiamò la raccolta delle acque «mari». Dio vide che questo era buono" (Genesi 1:9-10).

Le acque sopra il firmamento erano riservate all'Eden nel

secondo cielo. Il terzo giorno, Dio fece le acque sotto la distesa e le raccolse in un unico luogo per separare il mare dalla terra. Sulla terra creò contestualmente all'asciutto, l'erba e la vegetazione.

Il quarto giorno Dio creò il sole, la luna e le stelle, in modo che gli astri governassero il giorno e la notte. Il quinto giorno fece i pesci e gli uccelli. Infine, il sesto giorno Dio creò tutti gli animali e gli uomini.

L'invisibile spazio spirituale

Il Giardino dell'Eden si trova nel regno spirituale, all'interno del secondo cielo, che è diverso dal terzo cielo. Questo luogo, infatti, non è del tutto un regno spirituale, dal momento che può coesistere con la dimensione fisica. In parole povere, è come una fase intermedia tra la carne e lo spirito. Dopo che Dio creò l'uomo come uno spirito vivente, Egli piantò il giardino verso est, in Eden, e condusse l'uomo in questo giardino (Genesi 2:8).

"Verso Est", non è un riferimento al nostro Est, ma il significato speciale di "una zona circondata da luci". Ancora oggi, molti studiosi biblici pensano che il Giardino dell'Eden fosse localizzato da qualche parte tra l'Eufrate e il Tigri, ciononostante, malgrado siano state effettuate ricerche archeologiche approfondite, nessuno è mai stato in grado di trovare alcuna traccia del Giardino. La ragione è che l'Eden in cui Adamo visse in qualità di 'spirito vivente', si trova nel secondo cielo, che è un regno spirituale.

Il Giardino dell'Eden si estende su una superficie immensa di cui noi non siamo in grado di immaginare la vastità. I figli, che Adamo generò prima della sua caduta e del peccato, vivono ancora in quel luogo e continuano a dare alla luce figli, a moltiplicarsi. Il Giardino, dunque, non ha alcuna limitazione di spazio e non diverrà mai un luogo sovrappopolato con il passare del tempo.

In Genesi 3:24, leggiamo, infatti, che Dio *"...pose a oriente del giardino d'Eden i cherubini, che vibravano da ogni parte una spada fiammeggiante, per custodire la via dell'albero della vita"*.

Questo perché la parte orientale del giardino confina con la zona oscura, in cui sono allocati gli spiriti maligni, che da sempre tentano di entrare nel Giardino, per diverse ragioni. In primo luogo, volevano tentare Adamo e in secondo luogo volevano il frutto dell'albero della vita. Mangiandolo, infatti, avrebbero avuto la vita eterna, divenendo così oppositori di Dio perenni. Adamo aveva il dovere di proteggere il Giardino dalle forze delle tenebre. Ma, dal momento che Adamo fu ingannato da Satana e mangiò il frutto dall'albero della conoscenza del bene e del male, fu cacciato qui, relegato su questa terra, e il suo compito fu affidato ai cherubini dalla spada fiammeggiante.

Che la zona di luce in cui si trova il Giardino dell'Eden e la zona delle tenebre per gli spiriti del male coesistono nel secondo cielo è ampiamente deducibile. Inoltre, nell'area di luce del secondo cielo esiste un luogo dove i credenti di tutti i tempi terranno il banchetto nuziale di sette anni per celebrare il matrimonio del Signore dopo la sua seconda venuta. Questa superficie è molto più estesa dell'Eden, anche perché dovrà ospitare un banchetto a cui parteciperanno tutti coloro che sono stati salvati dopo la creazione del mondo, e quindi, immaginate che dimensioni dovrà avere!

Oltre a questi spazi, nel regno spirituale esistono anche il terzo cielo e il quarto cielo, e maggiori dettagli a proposito di questi luoghi verranno spiegati nel secondo volume di *"Spirito, Anima e Corpo"*. Il motivo per cui Dio divise lo spazio fisico e lo spazio spirituale, separando anche questo in tanti luoghi diversi, va ricercato nel suo amore per noi uomini, nel raggiungimento della coltura umana attraverso cui Egli si sarebbe guadagnato dei veri figli. Ora, di cosa è composto l'uomo?

3. Uomini con Spirito, Anima e Corpo

La storia del genere umano, nella Bibbia, inizia dal momento in cui Adamo fu cacciato sulla terra a causa del suo peccato. Il racconto biblico, infatti, non include il tempo durante il quale Adamo visse nel Giardino dell'Eden.

1) Adamo, uno spirito vivente

Comprendere Adamo, significa comprendere i fondamenti dell'uomo stesso. Dio creò Adamo come spirito vivente per la coltivazione umana. Genesi 2:7 fornisce il resoconto della sua creazione: *"Dio il Signore formò l'uomo dalla polvere della terra, gli soffiò nelle narici un alito vitale e l'uomo divenne un'anima vivente".*

La materia prima che Dio utilizzò per creare Adamo fu la polvere del suolo: gli uomini passano attraverso la coltivazione umana su questa terra (Genesi 3:23).

Non solo, il suolo, di cui si compone la polvere con cui Adamo è stato creato, muta le sue caratteristiche secondo gli elementi che gli vengono aggiunti.

Dio, con la polvere del suolo, non solo plasmò la forma umana di Adamo, ma ne formò anche gli organi interni, le ossa, le vene e i nervi. Un vasaio eccellente è quello in grado di modellare un prezioso pezzo di porcellana con una sola manciata di argilla fine. Pensate, Dio formò l'uomo a sua immagine. Come deve essere stato bello Adamo!

La sua pelle era bianca, liscia, come il latte, la sua corporatura vigorosa, il suo corpo perfetto dalla testa ai piedi, così come tutti i suoi organi e ogni sua cellula. Era un essere bellissimo! Quando Dio soffiò nelle narici di Adamo l'alito della vita, esso divenne un essere vivente, cioè, uno spirito vivente. Il processo è simile a quello di una lampadina che, seppure sia stata ben assemblata, non può brillare da sola ma unicamente attraverso la fornitura esterna di elettricità. Ed ecco che dopo aver ricevuto il soffio di vita procedente da Dio, il cuore di Adamo inizia a battere, il suo sangue a fluire, tutti gli organi e le sue cellule a funzionare. Dopo aver ricevuto il respiro della vita, il cervello ha cominciato a funzionare, gli occhi a vedere, le orecchie a udire e il suo corpo, finalmente, a muoversi.

Il respiro della vita è l'elemento più puro della potenza di Dio. Possiamo anche definirlo come l'energia divina. Fondamentalmente, è la fonte di energia che permette alla vita stessa di continuare a esistere. Dopo che Dio soffiò in Adamo la vita, Adamo divenne uno spirito vivente, e potremmo dire che il suo spirito prese esattamente le sembianze del suo corpo. Proprio come aveva una sembianza ben definita per il corpo, anche il suo spirito prese una forma, che ricalcava esattamente il suo aspetto fisico. Maggiori dettagli sulla forma dello spirito saranno illustrati nel secondo volume di questo libro.

Il corpo di Adamo, lo spirito vivente, era costituito da un corpo – composto di carne e ossa – imperituro. Il corpo conteneva sia lo spirito, che comunicava con Dio, sia l'anima, che assisteva lo spirito. L'anima e il corpo obbedivano allo spirito, e in questo modo Adamo era in grado di comunicare con Dio, che è spirito, e di osservare la sua parola.

Adamo, il primo uomo, fu creato e si svegliò alla vita direttamente in un corpo da adulto. Essendo privo di qualsiasi conoscenza, andava educato e istruito, proprio come si fa con un bambino che per avere il proprio carattere e svolgere un ruolo produttivo all'interno della società, è necessario che venga opportunamente formato. Così, dopo che fu condotto nel giardino dell'Eden, Dio educò Adamo con tutta la conoscenza della verità e la conoscenza dello spirito. L'Eterno gli insegnò l'armonia di tutte le cose dell'universo, le leggi del regno spirituale, la Parola della verità, e la conoscenza di Dio, che è senza limiti. Fu a motivo di questa formazione incredibile che Adamo avrebbe potuto (come poi fece) sottomettere la terra e governare su ogni cosa.

Vivere un tempo incalcolabile

Adamo, lo spirito vivente, dominava l'Eden e la terra come il Signore di tutte le creature, grazie alla conoscenza e alla saggezza spirituale che Dio gli aveva impartito. Poi, il Signore pensò che non fosse buono per lui essere solo, e così, creò la donna: Eva. Lo fece prendendo una delle costole di Adamo. Dio la creò in modo che gli fosse di aiuto e lasciò che diventassero una sola carne. Ora, la domanda è: per quanto tempo vissero nel Giardino dell'Eden?

La Bibbia non lo dice precisamente, ma, di certo, vissero nel Giardino per una quantità inimmaginabile di tempo. Infatti, in Genesi 3:16 leggiamo che: *"Alla donna disse: «Io moltiplicherò grandemente le tue pene e i dolori della tua gravidanza; con dolore partorirai figli; i tuoi desideri si volgeranno verso tuo marito ed egli dominerà su di te»"*.

Come conseguenza del peccato commesso, Eva fu maledetta in modo tale che il parto le sarebbe stato doloroso. In altre parole, si deduce che Eva sapeva con chiarezza cosa fosse un parto e che, prima di questa maledizione, aveva dato alla luce dei bambini in Eden senza soffrire il minimo dolore. Adamo ed Eva vissero per un tempo lunghissimo, moltiplicandosi nel Giardino dell'Eden come spiriti che non sarebbe mai invecchiati.

Molte persone pensano che Adamo mangiò dall'albero della conoscenza del bene e del male subito dopo essere stato creato. Alcuni addirittura si chiedono: "Dal momento che la storia del genere umano come riportata dalla Bibbia ricopre solo un periodo di circa 6.000 anni, perché vengono ritrovati fossili di centinaia di migliaia di anni?"

Il racconto della storia del genere umano, riportato nella Bibbia, inizia dal momento in cui Adamo è stato cacciato dal Giardino dell'Eden su questa terra in modo permanente, dopo aver peccato e, non include il tempo in cui visse in Eden. Mentre Adamo viveva nel Giardino dell'Eden, sulla terra avvenivano i movimenti della crosta terrestre e le relative variazioni geologiche, nonché la crescita e l'estinzione di vari esseri viventi. Alcuni di questi sono diventati fossili, ed ecco perché ne vengono ritrovati alcuni di milioni di anni.

2) Adamo pecca

Quando Dio condusse Adamo nel Giardino dell'Eden, gli vietò una sola cosa: di mangiare dell'albero della conoscenza del bene e del male. Dopo un periodo di vita lungo e a noi sconosciuto all'interno dell'Eden, Adamo ed Eva, infine, mangiarono il frutto di questo albero. La conseguenza di quest'azione fu che vennero cacciati dal Giardino e relegati sulla terra, e da questo punto in poi la coltivazione umana ebbe inizio.

Ma come ha potuto, Adamo, commettere peccato? C'era un essere a cui era stata data un grande autorità, più grande di quella di Adamo, e questa autorità gli era stata impartita da Dio. Stiamo parlando di Lucifero, il capo di tutti gli spiriti maligni. Lucifero pensava che inducendo Adamo a peccare gli avrebbe rubato la sua autorità e, finalmente, avrebbe vinto la battaglia contro Dio. Elaborò un piano articolato e utilizzò il serpente, che era un animale molto furbo.

Come dice Genesi 3:1: *"Il serpente era il più astuto di tutti gli animali dei campi che Dio il Signore aveva fatti. Esso disse alla donna: «Come! Dio vi ha detto di non mangiare da nessun albero del giardino?»"* Il serpente era stato fatto con l'argilla e aveva in sé gli attributi di un carattere astuto.

Le possibilità che Adamo non si sarebbe fatto attrarre dal male attraverso la furbizia di altri animali erano alte, motivo per cui, gli spiriti maligni lavorarono per convincere il serpente che infine divenne il loro strumento per tentare l'uomo.

Gli spiriti maligni tentano sempre gli uomini

L'autorità che esercitava Adamo in quel tempo era molto grande, governava sia il Giardino dell'Eden sia la terra, e quindi non era affatto facile per il serpente arrivare a tentare Adamo in modo diretto. Fu per questo che escogitò un programma complesso: bisognava tentare prima Eva. Il serpente, astutamente, le chiese: *"Quindi, Dio vi ha detto di non mangiare da nessun albero del giardino?"* In realtà Dio non aveva mai comandato niente a Eva. Il comando era stato impartito ad Adamo, ma il serpente chiese a lei, come se Dio le avesse direttamente comandato qualcosa. La risposta di Eva fu: *"Del frutto degli alberi del giardino ne possiamo mangiare; ma del frutto dell'albero che è in mezzo al giardino Dio ha detto: Non ne mangiate e non lo toccate, altrimenti morirete"* (Genesi 3:2-3).

Dio, in realtà aveva detto: *"...ma dell'albero della conoscenza del bene e del male non ne mangiare; perché nel giorno che tu ne mangerai, certamente morirai"* (Genesi 2:17). Eppure Eva disse al serpente: *"... altrimenti morirete".* Sebbene la differenza tra le due frasi sia appena percettibile, questa basta a dimostrare che la donna non aveva conservato la parola di Dio in modo corretto nella sua mente, e che in fondo non credeva completamente alla Parola di Dio. Quando il serpente si accorse che Eva aveva cambiato la Parola di Dio, tornò a tentarla in modo più aggressivo.

Genesi 3:4-5 dice: *"Il serpente disse alla donna: «No, non morirete affatto; ma Dio sa che nel giorno che ne mangerete, i vostri occhi si apriranno e sarete come Dio, avendo la conoscenza del bene e del male»"*.

Satana incitò il serpente a stuzzicare la mente di Eva fino a quando il desiderio di mangiare questo frutto fosse concepito direttamente nella mente di lei, finché l'albero della conoscenza del bene e del male arrivasse a sembrarle diverso: *"... La donna osservò che l'albero era buono per nutrirsi, che era bello da vedere e che l'albero era desiderabile per acquistare conoscenza"* (v. 6).

Eva non aveva mai avuto nessuna intenzione di andare contro la Parola di Dio, però, dopo che il desiderio fu concepito nella sua mente, fu inevitabile. Eva mangiò dall'albero, offrendone il frutto anche a suo marito Adamo, che anche ne mangiò.

Le scuse offerte da Adamo ed Eva

In Genesi 3:11, si legge che Dio chiese Adamo: *"Hai forse mangiato del frutto dell'albero che ti avevo comandato di non mangiare?"*

Dio, che conosce ogni cosa, voleva che fosse Adamo a

riconoscere le proprie colpe e che si pentisse. Ma Adamo rispose: *"La donna che tu mi hai messa accanto, è lei che mi ha dato del frutto dell'albero, e io ne ho mangiato"* (v.12). In sostanza, Adamo stava dicendo a Dio: se non mi avessi dato la donna, io non avrei mai fatto una cosa del genere. Invece di riconoscere le sue colpe, pensava solo come sfuggire alle conseguenze della situazione che si era venuta a creare. Naturalmente, è vero, fu Eva a porgere il frutto dell'albero ad Adamo, ma lui, che era il capo della donna, avrebbe dovuto assumersi la responsabilità di ciò che era successo.

Poi, Dio chiese alla donna: *"Perché hai fatto questo?"* (Genesi 3:13) Sebbene Adamo avrebbe dovuto assumersi ogni responsabilità di questo gesto, Eva non poteva esimersi dal peccato che aveva commesso. Eppure, anche lei tentò d incolpare qualcun altro, il serpente per l'appunto, dicendo: *"Il serpente mi ha ingannata e io ho mangiato"*. Cosa accadde ad Adamo ed Eva che avevano commesso questo peccato?

Lo spirito di Adamo morì

Genesi 2:17 dice: *"...ma dell'albero della conoscenza del bene e del male non ne mangiare; perché nel giorno che tu ne mangerai, certamente morirai"*.

La morte di cui Dio parla non è una morte fisica ma spirituale. Che lo spirito muoia non significa che scompare completamente, ma che la comunicazione con Dio s'interrompe, è scollegata e non può più funzionare. Lo spirito esiste ancora, ma non può più ricevere il cibo spirituale che gli consente di vivere direttamente da Dio. Ecco perché questa situazione non è diversa dall'essere morti.

Dal momento che lo spirito di Adamo ed Eva era morto, Dio non poteva consentire loro di rimanere nel Giardino dell'Eden, che è situato nel regno spirituale. Poi, come si legge in Genesi 3:22-23: *"Ecco, l'uomo è diventato come uno di noi, quanto alla conoscenza del bene e del male. Guardiamo che egli non stenda la mano e prenda anche del frutto dell'albero della vita, ne mangi e viva per sempre. Perciò Dio il Signore mandò via l'uomo dal giardino d'Eden, perché lavorasse la terra da cui era stato tratto"*.

Dio disse: "l'uomo è diventato come uno di noi" il che non significa che Adamo fosse diventato Dio, ma che, a differenza di prima in cui l'uomo conosceva solo la verità, ora Adamo era consapevole che esistono sia la verità che la falsità, cosa che solo Dio conosceva. Di conseguenza, Adamo che una volta era uno spirito vivente, era tornato alla carne e avrebbe affrontato la morte. Doveva necessariamente ritornare su questa terra, da dove era stato creato. Un uomo di carne non può vivere in uno spazio spirituale. Inoltre, avendo mangiato dall'albero della vita, Adamo avrebbe vissuto per sempre, e per questo Dio non poteva più farlo rimanere nel Giardino dell'Eden.

3) Il ritorno allo spazio fisico

Dopo che Adamo disobbedì Dio e mangiò del frutto dell'albero della conoscenza del bene e del male, tutto cambiò. Fu cacciato dall'Eden e relegato sulla terra, uno spazio fisico dove l'unica possibilità di produrre un raccolto passava attraverso dolorosa fatica e sudore della sua fronte. Tutto era sotto la maledizione, anche l'ambiente che, al momento della creazione, era buono, e ora non esisteva più.

In Genesi 3:17 si legge: *"Ad Adamo disse: Poiché hai dato ascolto alla voce di tua moglie e hai mangiato del frutto dall'albero circa il quale io ti avevo ordinato di non mangiarne, il suolo sarà maledetto per causa tua; ne mangerai il frutto con affanno, tutti i giorni della tua vita".*

Ecco che attraverso questo verso siamo in grado di comprendere che, a causa del peccato di Adamo, non solo lui, ma la terra intera, vale a dire tutto il primo cielo, viveva adesso sotto la stessa maledizione. Tutte le cose sulla terra erano state create buone e funzionavano in armonia, ora, invece, alle leggi fisiche che regolavano la natura se ne era aggiunta un'altra, che aveva stravolto tutto. A causa di questa maledizione, hanno fatto la loro comparsa i germi, i virus, e gli animali e le piante hanno cominciato a cambiare.

In Genesi 3:18 Dio continua a parlare con Adamo e gli dice: *"Esso ti produrrà spine e rovi, e tu mangerai l'erba dei campi"*, cioè, le tue coltivazioni avranno difficoltà a crescere a causa di spine e rovi, e solo attraverso la fatica dolorosa riuscirai a nutrirti e cibarti. Poiché ora anche il suolo era maledetto, fecero la loro comparsa alberi e piante inutili, così come insetti dannosi. Per coltivare la terra, adesso, prima doveva bonificarla da piante dannose e poi coltivarla difendendola da animali nocivi.

La necessità di coltivare il cuore

Così come Adamo adesso doveva coltivare la terra, anche l'uomo, avrebbe dovuto passare attraverso la coltivazione umana su questa terra. Prima che l'uomo commettesse peccato il suo cuore era puro e senza macchia, ma soprattutto, aveva solo la conoscenza dello spirito. Genesi 3:23 dice: *"Perciò Dio il Signore mandò via l'uomo dal giardino d'Eden, perché lavorasse la terra da cui era stato tratto"*. Questo versetto paragona Adamo, che era stato formato dal suolo, alla polvere da cui era stato tratto, a significare che adesso doveva coltivare il suo cuore.

Prima del peccato, non era mai stato necessario coltivare il suo cuore, perché in esso non vi era alcun male.

Dopo la sua disobbedienza, il diavolo, Satana, il nemico, ha cominciato a controllare l'uomo, attraverso l'impianto nel suo cuore di cose sempre più carnali, cose come l'odio, la rabbia, l'arroganza, l'adulterio, ecc. Tutti frutti nocivi che hanno iniziato a crescere nel suo cuore come le spine e i cardi nel suolo e, nel tempo, l'umanità è diventata sempre più macchiata di carne.

L'espressione "coltivare la terra da cui siamo stati presi"

35

significa che dobbiamo accettare Gesù Cristo, usare la Parola di Dio per liberarci dalla carne che è stata seminata nei nostri cuori e recuperare uno stato di uomo spirituale, far tornare a vivere il nostro spirito. In caso contrario, significa che possediamo uno "spirito morto" e non sarà possibile godere della vita eterna in questa condizione. Il cuore che abita nel corpo di un uomo dallo spirito rigenerato è lo stesso cuore che Adamo aveva prima della sua caduta.

Immaginate il drastico cambiamento che subì Adamo nel passare dal Giardino dell'Eden al vivere su questa terra. Un dolore immenso, una confusione maggiore di quella che vivrebbe il principe di una grande nazione se fosse improvvisamente diventato un contadino. Anche, Eva, deve aver trovato insopportabile, scioccante, soffrire a motivo della sua fertilità.

Nel Giardino dell'Eden non esisteva la morte. Loro non sapevano cosa fosse. Ora, improvvisamente, dovevano affrontarla, vivendo in questo mondo fisico dove tutto perisce e decade. Genesi 3:19 dice: *"Mangerai il pane con il sudore del tuo volto, finché tu ritorni nella terra da cui fosti tratto; perché sei polvere e in polvere ritornerai"*. Come scritto, adesso dovevano morire.

Naturalmente, lo spirito di Adamo proveniva da Dio, e non avrebbe mai potuto estinguersi del tutto, come riportato in Genesi 2:7 dice: *"Dio il Signore formò l'uomo dalla polvere della terra, gli soffiò nelle narici un alito vitale e l'uomo divenne un'anima vivente"*. Il respiro della vita ha il carattere eterno di Dio.

In ogni caso, a questo punto, lo spirito di Adamo non era più attivo. Così, l'anima ha assunto la funzione di "capo" dell'uomo, acquisendone anche il controllo completo del corpo. Da quel momento in poi Adamo iniziò il processo di invecchiamento e, infine, affrontò la morte, secondo l'ordine del mondo fisico. Doveva tornare a essere terra.

A quel tempo, anche se la terra era stata maledetta, il peccato e la malvagità non erano diffusi tanto quanto oggi, e così Adamo visse fino all'età di 930 anni (Genesi 5:5).

Con il passare del tempo, degli anni e dei secoli, gli umani hanno albergato sempre di più il male nel loro cuore e come risultato, la vita è diventata sempre più breve. Dopo il passaggio dall'Eden alla terra, Adamo ed Eva dovettero adattarsi al nuovo ambiente. Soprattutto, a sfinirli, sarà stato vivere da uomini di carne e non più come spiriti viventi. Ora, dopo aver lavorato, si stancavano, e dovevano riposare. Adesso, contraevano malattie e si ammalavano. Il loro sistema digestivo cambiò, perché anche la loro dieta subì un drastico cambiamento. Ora lo stomaco doveva rispettare delle funzioni che non conoscevano e svuotarsi, ora, tutto era cambiato. La disobbedienza di Adamo non fu una piccola cosa di poco conto. La disobbedienza di Adamo segnò il giorno in cui il peccato intaccò Adamo ed Eva e tutto il genere umano, tutti i loro discendenti che da lì in poi avrebbero vissuto la loro vita fisica con i loro spiriti morti.

Capitolo 3
Gli Uomini nello spazio fisico

A carne é a natureza combinada ao pecado
e, portanto, o homem é inclinado a pecar no espaço físico.
Entretanto, na essência do homem está
a semente da vida dada por Deus.
E com essa semente, a cultivação humana pode ser realizada.

Adamo ed Eva diedero vita a molti figli su questa terra, e, sebbene i loro spiriti fossero morti, Dio non li abbandonò mai. Egli insegnò loro le cose necessarie all'esistenza terrena e Adamo insegnò ai suoi figli queste verità, in modo che sia Caino che Abele fossero a conoscenza di come avrebbero dovuto portare sacrifici a Dio.

Nel corso del tempo, Caino offrì all'Eterno un sacrificio di frutti della terra, ma Abel, invece, diede a Dio il sacrificio di sangue, quello che Lui richiedeva. Quando Dio accettò solo il sacrificio di Abele, invece di comprendere la sua colpa e pentirsi, Caino si ingelosì di Abele a tal punto che lo uccise.

Il peccato aumentava fino a quando, al tempo di Noè, la terra era così piena di violenza che Dio punì il mondo intero inondandolo di acqua. Dio, però, aveva permesso a Noè e ai suoi tre figli di concepire una nuova razza. Ora, che cosa è accaduto alla razza umana che iniziò a vivere su questa terra?

1. Il seme della Vita

Dopo che Adamo peccò, il canale di comunicazione aperto e diretto che aveva con Dio, fu reciso. La sua energia spirituale fuoriuscì da lui per far posto a un'energia carnale, che ricoprì la sua intera esistenza e il seme stesso della vita che si portava dentro da sempre.

Dio creò Adamo dalla polvere della terra. Il nome di Adamo in ebraico è "Adamah", che significa terra o terreno (inteso come suolo). Dio plasmò la forma dell'uomo con dell'argilla e soffiò nelle sue narici un alito di vita. Isaia scrive proprio che l'uomo è argilla.

In Isaia 64:8, infatti, si legge: *"Ma ora, o Eterno, tu sei nostro padre, noi siamo l'argilla, e tu il nostro vasaio, e tutti noi siamo opera delle tue mani"*.

Non molto tempo dopo che iniziai questa chiesa, Dio mi mostrò una visione di sé stesso mentre modellava Adamo con l'argilla. Il materiale che Dio utilizzò per plasmare la forma di Adamo era terra, mescolata con acqua, in pratica, argilla. L'acqua è un elemento che simboleggia la Parola di Dio (Giovanni 4:14). Non appena la combinazione polvere della terra e acqua entrarono in contatto con il respiro della vita, il sangue, che è la vita, iniziò a circolare e Adamo divenne un essere vivente (Levitico 17:14).

Il respiro della vita contiene in sé il potere stesso di Dio. Dal momento che viene da Lui, non può mai estinguersi o perire. La Bibbia non si limita a dire che Adamo è diventato un uomo: dice che egli divenne un essere vivente. Vale a dire, che era uno spirito vivente. Significava che poteva vivere per sempre, anche se era stato creato dalla polvere della terra, perché portava in sé il soffio della vita. Da questo siamo in grado di comprendere il significato di quel passaggio di Giovanni 10:34-35 che dice: *"Gesù rispose loro: Non sta scritto nella vostra legge: Io ho detto: voi siete dèi? Se chiama dèi coloro ai quali la parola di Dio è stata diretta (e la Scrittura non può essere annullata)".*

Per come era stato creato all'inizio, l'uomo avrebbe potuto vivere per sempre senza conoscere la morte fisica. Sebbene adesso, a causa della disobbedienza, lo spirito di Adamo fosse morto, nella sua parte centrale conteneva ancora il seme della vita data da Dio. Questa vita è eterna e da questo seme, chiunque può rinascere come figlio di Dio.

Il seme della vita donato a tutti

Quando Dio creò Adamo, piantò in lui il seme inestinguibile della vita, che poi altro non era che la parte fondamentale del suo spirito. Questo seme è l'origine dello spirito, la fonte del potere di contemplare Dio e mantenere il proprio dovere di uomo.

Nel sesto mese di gravidanza Dio dà il seme della vita con il proprio spirito all'embrione. In questo seme della vita consistono il cuore e la potenza di Dio, è ciò che consente agli uomini di comunicare con Lui. La maggior parte delle persone che non riconoscono l'esistenza di Dio, hanno, nel proprio intimo, comunque un timore o l'apprensione di non conoscere la vita dopo la morte. Nessun uomo può davvero negare l'esistenza di un Dio, perché tutti hanno il seme della vita nel profondo del loro cuore.

Le piramidi e tutti gli altri monumenti funebri costruiti da tutte le varie civiltà nel corso dei secoli, contengono concetti e illustrazioni di vita eterna, le speranze di ogni civiltà verso l'esistenza di un luogo di riposo eterno. Anche gli uomini più coraggiosi, seppure a volte la affrontano, temono la morte perché attraverso il seme della vita essi percepiscono la vita che esiste dopo questa esistenza materiale.

Ogni uomo ha dentro di sé il seme della vita dato da Dio, e lo cerca, naturalmente (Ecclesiaste 3:11). Il seme della vita si comporta come il cuore dell'uomo, e quindi, è direttamente collegato alla vita spirituale. Il sangue circola per fornire al corpo ossigeno e nutrienti necessari al funzionamento del cuore. Allo stesso modo, se il seme della vita è attivato in un uomo, innescherà il suo spirito che verrà attivato e potrà comunicare con Dio. Al contrario, se il suo spirito è morto, il seme della vita non è attivo e comunicare direttamente con Dio sarà impossibile.

Il seme della vita è il nucleo dello spirito

Adamo fu istruito e riempito con la conoscenza della verità

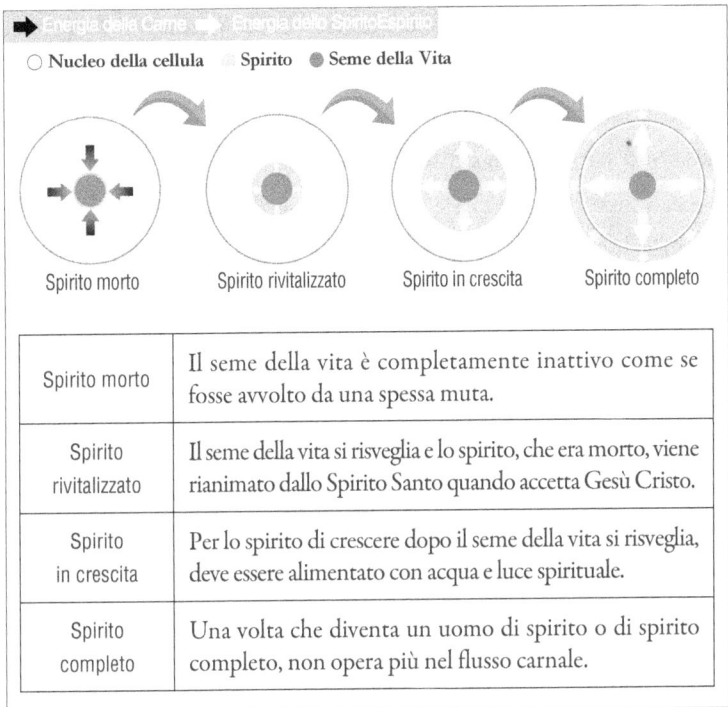

Spirito morto	Il seme della vita è completamente inattivo come se fosse avvolto da una spessa muta.
Spirito rivitalizzato	Il seme della vita si risveglia e lo spirito, che era morto, viene rianimato dallo Spirito Santo quando accetta Gesù Cristo.
Spirito in crescita	Per lo spirito di crescere dopo il seme della vita si risveglia, deve essere alimentato con acqua e luce spirituale.
Spirito completo	Una volta che diventa un uomo di spirito o di spirito completo, non opera più nel flusso carnale.

insegnatagli da Dio in modo diretto. Il seme della vita in lui era in piena attività, pieno di energia spirituale. Divenne così saggio tanto da nominare tutti gli esseri viventi e vivere come il Signore di ogni creatura, governando su di loro. Ma, dopo aver peccato, la sua comunicazione con Dio fu interrotta, completamente. Non solo, iniziò a perdere la sua energia spirituale, sostituito da un energia carnale che invase il suo cuore e ricoprì interamente il seme della vita. Da quel momento in poi, il seme della vita, a poco a poco, perse la sua luce fino a diventare completamente inattivo.

Proprio come la vita di un uomo finisce quando il suo cuore smette di battere, lo spirito di Adamo morì nel momento stesso in cui il seme della vita si spense. Quando dico che morì, intendo che il suo seme di vita smise completamente di funzionare, per cui non è scorretto dire che è morto. Ecco perché, tutti, ogni essere umano che nasce in questo spazio fisico, viene al mondo portando al suo interno un seme di vita che è completamente inattivo.

Gli uomini non sono stati in grado di evitare la morte dopo la caduta di Adamo. Perché potessero ottenere di nuovo la vita eterna, occorreva risolvere il problema del peccato con l'aiuto di Dio, che è la Luce. Vale a dire, accettare Gesù Cristo e ricevere il perdono dei propri peccati. Gesù è morto sulla croce e si è fatto carico dei peccati di tutta l'umanità, al fine di resuscitare il nostro spirito. Egli è diventato la via, la verità e la vita, attraverso la quale tutti gli uomini possono ottenere la vita eterna. Quando accettiamo Gesù come nostro personale Salvatore, possiamo essere perdonati dei nostri peccati, diventare figli di Dio e ricevere lo Spirito Santo.

Lo Spirito Santo, a quel punto, attiva il seme della vita che è in noi e lo riporta in vita. Da questo momento, il seme della vita che aveva perso la sua luce torna a brillare di nuovo. Naturalmente, non può brillare con tutta l'intensità di cui sarebbe capace, come fece con Adamo, ma l'intensità della luce diventa più forte man mano che la propria misura di fede aumenta e il proprio spirito cresce e matura.

Quanto più il seme della vita è ripieno di Spirito Santo,

tanto più forte la luce che emana, e più forte è la luce del corpo spirituale. Nella misura in cui uno si riempie con la conoscenza della verità, può recuperare l'immagine perduta di Dio e diventare un vero figlio di Dio.

Il seme della vita fisica

Oltre al seme spirituale della vita, il nucleo dello spirito, vi è anche il seme fisico della vita. Con questo mi riferisco allo sperma e all'ovulo. Dio ha disegnato un piano di coltivazione umana per guadagnarsi dei veri figli con i quali poter condividere l'amore vero. Per realizzare questo piano, ha dato agli uomini il seme della vita, in modo che potessero moltiplicarsi e riempire la terra. Lo spazio spirituale in cui Dio abita non conosce confini, è un luogo molto solitario e desolato, senza nessuno intorno. Questo è il motivo per cui Dio creò Adamo come spirito vivente e gli disse di moltiplicarsi, generazione dopo generazione, in modo che Dio potesse avere molti figli.

Il genere di figlio che Dio desidera è una persona il cui spirito morto è rinato, in grado di comunicare con Lui, e di condividere l'amore per sempre con Lui nel regno dei cieli. Per ottenere dei veri figli, Dio, sin dall'inizio della coltivazione umana, dà a tutti il seme della vita. Davide si rese conto di questo amore e del piano di Dio e disse: *"Io ti celebrerò, perché sono stato fatto in modo stupendo. Meravigliose sono le tue opere, e l'anima mia lo sa molto bene"* (Salmo 139:14).

2. Come l'uomo viene all'esistenza

Un essere umano non può essere clonato da un altro essere umano. Anche se è tecnicamente possibile duplicare l'aspetto esteriore di un uomo, il clone non sarà un essere umano, perché non ha lo spirito. L'essere clonato non potrebbe essere diverso da un animale.

Una nuova vita viene concepita nell'attimo in cui lo sperma di un uomo e l'ovulo di una donna si uniscono. Per sviluppare pienamente la forma umana, il feto rimane nel grembo materno per nove mesi. Considerando il processo di crescita dal suo concepimento fino al termine della gravidanza, possiamo percepire chiaramente il misterioso potere di Dio.

Nel primo mese si sviluppano il sistema nervoso e la base sopra cui sangue, ossa, muscoli, vene, e gli organi interni si formeranno. Nel secondo mese, il cuore comincia a battere e il feto inizia ad assumere un aspetto umano, seppure con qualche approssimazione. In questo momento la testa e gli arti sono riconoscibili. Nel terzo mese si forma il volto e il feto può muovere la testa, il corpo e gli arti. Questo è il momento in cui si sviluppano anche gli organi sessuali.

Dal quarto mese in poi la placenta è completa, i nutrienti che la madre fornisce vengono incrementati, e in brevissimo tempo, il feto aumenta in lunghezza e peso. A questo punto, tutti gli organi che sostengono le attività vitali del corpo funzionano normalmente. Dal quinto mese in poi si sviluppano i muscoli e si acutizza l'udito, tanto che il feto inizia a sentire dei suoni. Al sesto mese lo sviluppo degli organi digestivi è quasi completo, e la crescita diventa ancora più rapida. Al settimo mese i capelli cominciano a crescere sulla testa, e, attraverso i polmoni, che ora sono quasi completi, inizia a respirare.

Gli organi sessuali e la capacità di ascoltare raggiungono il loro completamento all'ottavo mese, e, in questo stadio, può capitare che il feto reagisca a suoni che vengono dall'esterno. Durante il nono mese, i capelli ispessiscono, la lanugine sul corpo scompare, e gli arti acquisiscono il tipico aspetto paffuto. Dopo ben nove mesi, un bambino dall'altezza di circa 50 cm e di un peso corporeo intorno ai 3 kg, vede la luce.

Il feto è una vita che appartiene a Dio

Con l'ausilio degli sviluppi scientifici di oggi, molte persone hanno sviluppato un grande interesse riguardo la possibilità di clonare cose viventi. Ma, come ho già detto, indipendentemente dal progresso scientifico, gli uomini non possono essere clonati. Anche se capitasse che un uomo venga clonato da un altro e sia perfettamente uguale nell'aspetto esteriore, esso non avrà alcun spirito. Senza lo spirito non si è diversi da un animale.

Nel processo di crescita che porta l'embrione a diventare uomo, a differenza degli animali, però, vi è un punto specifico in cui al

47

feto umano viene dato lo spirito. Al sesto mese di gravidanza, il feto ha vari organi ormai formati, un volto definito e gli arti. Sta diventando un vaso in grado di contenere il suo spirito. È in questo punto che Dio dona il seme della vita all'uomo, inserendo il suo spirito nel corpicino che si è appena formato. Nella Bibbia c'è un riferimento molto chiaro da cui tutto questo è deducibile: la reazione evidente di un feto di sei mesi all'interno del grembo materno.

Luca 1:41-44 racconta che: *"Appena Elisabetta udì il saluto di Maria, il bambino le balzò nel grembo; ed Elisabetta fu piena di Spirito Santo, e ad alta voce esclamò: «Benedetta sei tu fra le donne, e benedetto è il frutto del tuo seno! Come mai mi è dato che la madre del mio Signore venga da me? Poiché ecco, non appena la voce del tuo saluto mi è giunta agli orecchi, per la gioia il bambino mi è balzato nel grembo"*.

Questo accadde quando Gesù era stato appena concepito nel grembo della Vergine Maria, e lei era andata a far visita ad Elisabetta, che aveva concepito Giovanni Battista sei mesi prima. Nel grembo di sua madre, Giovanni Battista esultò di gioia quando la Vergine Maria arrivò a far loro visita. Riconobbe Gesù nel grembo di Maria e fu ripieno dello Spirito Santo. Un feto non è solo una vita, ma è anche un essere spirituale che può essere riempito con lo Spirito dal sesto mese di gravidanza in poi. Un essere umano è una vita che appartiene a Dio dal momento del suo concepimento. Solo Dio ha la sovranità sulla vita. Pertanto, non dobbiamo interrompere una gravidanza sebbene possa sembrare un'azione necessaria, anche se il feto non ha ancora uno spirito.

Il termine di nove mesi, il periodo durante il quale il feto cresce nel grembo materno, è di estrema importanza. È il momento in cui al bambino viene fornito tutto il necessario per crescere, motivo per cui la madre dovrebbe avere una dieta sana ed equilibrata. Anche i sentimenti e i pensieri della madre influenzano la formazione, la personalità, il carattere e l'intelligenza del feto. Lo stesso vale per il suo spirito. I bambini di quelle madri che servono il regno di Dio e pregano diligentemente nascono, di solito, con un carattere mite e crescono in saggezza e salute.

Sebbene la sovranità sulla vita appartenga solo a Dio, Egli non interferisce con il corso del concepimento, della nascita e della crescita dell'uomo. Gli elementi innati e congeniti di un essere umano sono determinati attraverso l'energia vitale contenuta nello sperma e nell'ovulo dei genitori. Poi, i tratti del carattere si svilupperanno secondo l'ambiente e le influenze esterne a cui i bambini saranno sottoposti.

L'intervento speciale di Dio

Ci sono alcuni casi, però, in cui Dio interviene, sia nel concepimento sia nella nascita. In primo luogo, questo succede quando i genitori pregano Dio con fede e fervore di concedere loro un figlio. Anna, una donna vissuta durante il tempo dei Giudici, passava i suoi giorni nel dolore e nell'angoscia di non poter avere un bambino. Anna pregò Dio che le facesse dono di un figlio e pregò con fervore, tanto che fece un voto. Promise che se Dio le avesse dato un figlio, lei avrebbe offerto suo figlio a Dio.

Dio ascoltò la sua preghiera e la benedisse con una gravidanza. Esattamente come aveva giurato, Anna condusse suo figlio Samuele presso la casa del sacerdote non appena fu svezzato e lo diede al Signore come servo di Dio. Samuele comunicava con Dio chiaramente e in modo diretto, sin dall'infanzia e, in seguito, divenne un grande profeta di Israele. Dal momento che Anna mantenne il suo voto, Dio benedisse il suo grembo, tanto che partorì altri tre figli e due figlie. (1 Samuele 2:21).

L'altro caso in cui Dio interviene nel concepimento e nella nascita, è per la vita di coloro che sono stati messi da parte da Lui per portare avanti la sua provvidenza. Per comprendere questo, dobbiamo prima capire la differenza tra "essere stato scelto" e "essere messo da parte". È "scelta di Dio", quando Egli stabilisce un certo quadro di riferimento e sceglie indiscriminatamente chiunque si pone all'interno di quella cornice che lui ha stabilito. Per esempio, Dio ha istituito il "quadro" della salvezza e salva tutti coloro che entrano nei confini di quel quadro. Pertanto, tutti coloro che ricevono la salvezza accettando Gesù Cristo e vivono secondo la Parola di Dio si dice che sono "scelti".

Alcune persone fraintendono questo concetto sostenendo che Dio ha già deciso chi sarà salvato e chi no. Altri dicono che una volta che si accetta il Signore, la salvezza resterà per sempre, anche se non si osserva e non si vive la Parola di Dio. Ma questo pensiero è sbagliato.

Tutti coloro che, con il loro libero arbitrio, entrano nella fede e nel quadro della salvezza, ricevono la salvezza. Cioè, sono tutti scelti da Dio. Coloro che non rientrano nel quadro della salvezza, o quelli che una volta entrati nei suoi confini poi tornano al mondo e consapevolmente e volontariamente commettono dei peccati, non possono considerarsi salvati, a meno che non si convertono.

Che cosa significa quindi "essere messi da parte"? Quando Dio, che sa tutto e vede tutto, che vede la fine dall'inizio, sceglie una certa persona e ne controlla il corso della sua esistenza. Ad esempio, Abramo, Giacobbe, il padre di tutti gli Israeliti, e Mosè, il leader dell'Esodo, sono stati tutti messi da parte da Dio per adempiere dei compiti speciali che Egli aveva previsto nella sua provvidenza.

Dio sa tutto. Nella provvidenza della coltivazione umana Egli sa quali persone serviranno in un determinato momento della storia umana. Per realizzare i suoi piani, Egli sceglie alcuni uomini e donne e permette loro di svolgere dei grandi compiti. Per coloro che si distinguono in questo modo, Dio interviene in ogni momento della loro vita, a partire dalla nascita.

Romani 1:1 dice, *"Paolo, servo di Cristo Gesù, chiamato come apostolo, messo da parte per il vangelo di Dio"*. Come appena letto, Paolo fu messo da parte come l'apostolo dei gentili per diffondere il vangelo. Perché lui aveva un cuore coraggioso e immutabile, era già stato appartato per passare attraverso sofferenze incredibilmente atroci che poi visse a causa del Vangelo. Non solo, gli fu dato il compito e la responsabilità di scrivere la maggior parte dei libri del Nuovo Testamento. In modo da poter adempiere a tale compito, il Signore fece in modo che la Parola di Dio gli fosse accuratamente insegnata fin dalla prima infanzia, presso i migliori studiosi del suo tempo, tra cui anche Gamaliele.

Anche Giovanni il Battista fu messo da parte da Dio. Egli è intervenuto nella sua concezione, e sulla sua vita, tanto è vero che condusse un'esistenza molto diversa da quella dei suoi contemporanei, sin dalla giovane età. Giovanni viveva nel deserto, da solo, senza contatti con il mondo. Portava un vestito di manto di cammello e una cintura di pelle attorno ai fianchi, si cibava di locuste e miele selvatico. In questo modo Giovanni preparò la strada a Gesù.

Lo stesso è successo a Mosè. L'intervento di Dio è visibile sin dalla sua nascita: abbandonato nel fiume per salvarsi dai soldati, trovato dalla principessa, crebbe come un principe e divenne un principe d'Egitto. Ciononostante, le circostanze vollero che la levatrice che lo crebbe fu sua madre. In questo modo lei gli fece conoscere Dio e il suo popolo. Come principe egiziano ebbe accesso a tutte le conoscenze e all'educazione migliore che potesse scegliere del mondo allora conosciuto. Come spiegato, una persona viene "appartata per Dio" quando Egli, con la sua sovranità, controlla la vita di quella certa persona, facendola nascere in un determinato momento storico.

3. Coscienza

Per un uomo, voler cercare e incontrare Dio il Creatore, recuperare l'immagine di Dio, e diventare un essere prezioso è fortemente dipendente dal tipo di coscienza che ha.

Gli spermatozoi e gli ovuli dei genitori contengono la loro stessa energia vitale, che i figli a loro volta ereditano. Lo stesso è vero con la coscienza. La coscienza è lo standard attraverso cui si giudica tra il bene e il male. Se i genitori hanno vissuto una buona vita, con un buon cuore, è più probabile che i bambini nasceranno con una buona coscienza. Pertanto, il fattore fondamentale che determina la propria coscienza è il tipo di energia vitale che si eredita dai propri genitori.

In ogni caso, anche se un bimbo nasce fornito di una sana energia vitale ereditata dai genitori, se cresce in un ambiente sfavorevole, se vede e sente ed è circondato da tante cose cattive e la malvagità gli viene impiantata nel cuore, è probabile che anche la sua coscienza venga corrotta dal male. Al contrario, coloro che crescono in un ambiente favorevole, se sono esposti alla vista e all'udito di cose buone, arrivano a possedere una coscienza relativamente buona, indipendentemente da ciò che hanno ereditato dai genitori.

La formazione della coscienza

La formazione della coscienza è un processo complesso che passa attraverso i genitori, la famiglia di origine, il tipo di ambiente in cui si è cresciuti, le cose a cui si è esposti con ricorrenza, ciò che si ascolta e impara, e che tipo di impegno si spende per fare del bene. Quindi, coloro che sono nati da genitori buoni e cresciuti in un ambiente sano, sanno controllarsi e seguono la loro coscienza che di solito li porta a fare e cercare cose buone. Per loro, è relativamente semplice accettare il Vangelo e il cambiamento della verità.

In generale, la gente assume e pensa che la coscienza sia la parte buona del nostro cuore, ma agli occhi di Dio non è così. Alcune persone hanno la coscienza tranquilla da cui la tendenza a seguire la bontà, mentre quelli che hanno una cattiva coscienza cercano sempre il proprio vantaggio a discapito della verità.

Alcuni hanno rimorsi di coscienza se capita di prendere solo una piccola cosa di qualcun altro, mentre altri pensano che non sia un furto. Le persone hanno diversi standard di giudizio tra il bene e il male, in base al tipo di ambiente in cui sono cresciuti e a quello che è stato loro insegnato.

La gente giudica tra il bene e il male secondo la propria coscienza, ma le coscienza di ognuno è diversa. Ci sono molte differenze, le valutazioni variano anche in base alle diverse culture e le aree in cui si viene allevati, anche se nessuno standard potrà mai diventare lo standard assoluto nel giudicare tra il bene e il male. Lo standard assoluto si trova solo nella Parola di Dio, che è la verità stessa.

Differenza tra cuore e coscienza

Romani 7:21-24 dice: *"Mi trovo dunque sotto questa legge: quando voglio fare il bene, il male si trova in me. Infatti io mi compiaccio della legge di Dio, secondo l'uomo interiore, ma vedo un'altra legge nelle mie membra, che combatte contro la legge della mia mente e mi rende prigioniero della legge del peccato che è nelle mie membra. Me infelice! Chi mi libererà da questo corpo di morte?"*

Da questo versetto comprendiamo la composizione del cuore di un uomo. L'uomo interiore, in questo verso, è il cuore della verità, che possiamo anche chiamare "cuore bianco", che cerca di seguire la guida dello Spirito Santo. È in questo uomo interiore che risiede il seme della vita. L'altro elemento determinante è la legge del peccato, il "cuore nero", costituito dalla falsità. Poi, Paolo parla anche della "legge della mia mente". Questa è la coscienza, lo standard che si utilizza nel giudicare, la scala di valori, che varia da individuo a individuo. La miscela di queste due nature "cuore bianco" e "cuore nero" compone il cuore dell'uomo, e, al fine di comprendere la coscienza, dobbiamo prima capire il cuore.

La definizione di cuore varia leggermente tra dizionario e dizionario. Da quello italiano si legge: "la sede degli affetti, dei sentimenti e delle emozioni; la parte più intima dell'animo". Il significato spirituale del cuore, però, è un'altra cosa.

Quando Dio creò il primo uomo, Adamo, gli diede il seme della vita insieme con il suo spirito. Adamo era come un vaso vuoto, e Dio mise in lui la conoscenza dello spirito, l'amore, la bontà, e la verità. Poiché ad Adamo fu insegnata solo la verità, il suo seme di vita consisteva nell'insieme della sua anima e della conoscenza contenuta nell'anima. Essendo ripieno solo di verità, non vi era alcuna necessità di distinguere tra lo spirito e il cuore. Non avendo conosciuto la falsità, il termine coscienza non era necessario.

Dopo il peccato, lo spirito di Adamo non era più unito al suo cuore. Dal momento in cui la comunicazione con Dio fu recisa, la verità e la conoscenza dello spirito che gli avevano riempito il cuore, iniziarono a diminuire per far posto alla falsità, all'odio, all'invidia e all'arroganza. Questi elementi si fecero largo dentro di lui tanto da coprire il seme della vita. Prima che la falsità entrasse in Adamo, non vi era stata alcuna necessità di utilizzare la parola cuore, perché il suo cuore era lo spirito stesso. Dopo che la falsità entrò e si espanse in Adamo a causa del peccato, il suo spirito morì, e da allora abbiamo iniziato a utilizzare il termine "cuore".

Il cuore degli uomini, dopo la caduta di Adamo, raggiunse lo stato in cui la falsità, invece della verità, ricopriva il seme della vita, il che significa che l'anima, invece dello spirito, ricopriva il seme della vita. Per dirlo in parole povere, il cuore della verità è il cuore bianco e il cuore della menzogna è il cuore nero. Tutti i discendenti di Adamo, nati dopo la sua caduta, possiedono un

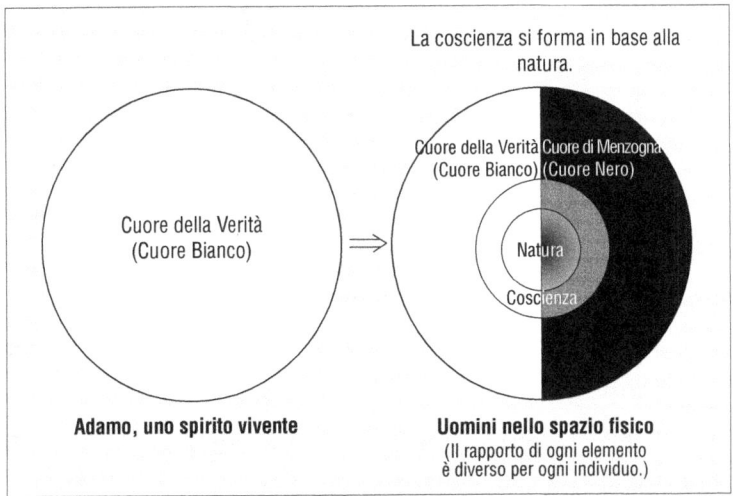

< **Composizione del Cuore** >

cuore costituito in parte dalla verità e in parte dalla menzogna. La mescolanza di queste due componenti forma la coscienza dell'uomo.

La natura è la base per la coscienza

Il carattere originale del cuore di una persona è definito come la sua "natura". La propria natura non è qualcosa che si acquisisce solo su via ereditaria. Essa cambia anche in base a alle cose che un individuo accetta nel corso della sua crescita. Proprio come il carattere del suolo cambia in base a ciò vi si aggiunge, la propria natura può cambiare in base a ciò che vede, sente e percepisce.

Tutti i discendenti di Adamo nati su questa terra ereditano,

attraverso l'energia vitale dei genitori, una natura che è un misto
di verità e falsità. Anche se una componente di bontà è presente,
sarà la componente malvagia a prevalere se si accetta di trattenere
solo le malvagità o se si vive in ambienti sfavorevoli dove si è
costantemente esposti alla cattiveria. D'altro canto, se un bambino
viene allevato con valori buoni e in un ambiente favorevole, la
malvagità nel suo cuore avrà una predominanza minore. La natura
di ciascuno può essere modificata aggiungendo menzogna o verità.

La coscienza è semplice da comprendere se prima si
comprende la natura stessa dell'uomo, perché la coscienza è lo
standard di giudizio che ogni uomo plasma secondo la propria
natura, passando attraverso la verità e la menzogna presente in
ogni essere umano. Ecco, è così che si forma il criterio di giudizio
di un individuo. Questa è la coscienza. La propria coscienza,
contiene, oltre il cuore della verità, il male intrinseco della
propria natura e il proprio personale senso di giustizia.

Mentre i giorni passano, il mondo è sempre più pieno di
peccati e di malvagità, ragione per cui la coscienza degli uomini è
sempre più inclinata verso il male. Ogni generazione eredita dai
propri genitori una natura sempre più malvagia della precedente e,
anche per questo, è disposta ad accettare falsità in misura sempre
maggiore nella propria esistenza. Questo processo va avanti
e avanti, di generazione in generazione, e, con una coscienza
sempre più provata dalla natura malvagia, accettare il Vangelo
è progressivamente più difficile. Invece, è sempre più semplice
ricevere e accettare le opere di Satana e commettere peccati.

4. Opere della carne

Quando un uomo commette peccato, secondo la legge del regno spirituale, egli dovrà pagare per quello che ha fatto. Dio sopporta, nel tentativo di dargli la possibilità di convertirsi e di pentirsi dai peccati, ma se supera un determinato limite, arriveranno difficoltà, prove o disastri.

Tutti noi siamo nati possedendo la natura peccaminosa, a causa della natura peccaminosa di Adamo, il primo uomo, attraverso il quale questa natura si trasmette dai padri ai figli tramite l'energia vitale dei genitori. Quante volte abbiamo visto anche i più piccoli esprimere la loro rabbia e frustrazione, per esempio, piangendo incessantemente. A volte, se non cibiamo immediatamente un neonato che piange perché ha fame, capita che pianga così tanto da non riuscire più neanche a respirare, e in seguito, si rifiuta di essere allattato, tanto è arrabbiato. Anche i neonati mostrano nel loro piccolo la natura peccaminosa che hanno ereditato, si adirano, mostrano odio o invidia. Questo perché tutti gli uomini portano nel proprio cuore la natura peccaminosa, e ciò è il peccato originale.

Proprio come un magnete attira il metallo, quelli che vivono nello spazio fisico continuano ad essere sedotti da ciò che non è la verità e a commettere peccati. Questi peccati possono essere classificati in peccati del cuore e peccati d'azione, che, essendo diversi, hanno magnitudini diverse, e giudizi diversi. Infatti, i peccati d'azione – altrimenti denominati dalla Bibbia come le opere della carne – verranno certamente giudicati (1 Corinzi 5:10).

La carne e le opere della carne

Genesi 6:3 dice: *"Il Signore disse: «Lo Spirito mio non contenderà per sempre con l'uomo poiché, nel suo traviamento, egli non è che carne; i suoi giorni dureranno quindi centoventi anni»"*. Con il termine "carne", qui, la Bibbia non si limita a fare un riferimento al corpo fisico, piuttosto parla del fatto che l'uomo era diventato un essere carnale, macchiandosi di peccati e malvagità. Un uomo di carne non può dimorare con Dio per sempre, e quindi non può essere salvato. Non molte generazioni dopo che Adamo fu scacciato dal Giardino dell'Eden e cominciò a vivere su questa terra, i suoi discendenti commettevano le opere della carne.

Dio si era appartato Noè, l'uomo giusto del suo tempo, a cui chiese di preparare un'arca e di avvertire i suoi contemporanei, in modo che si pentissero dei loro peccati e si mettessero in salvo. Purtroppo nessuno, tranne la famiglia di Noè salpò nell'arca. Secondo la legge spirituale che cita: "Il salario del peccato è la morte" (Romani 6:23), tutti al tempo di Noè, perirono nel diluvio.

Ma, qual è il significato spirituale di "carne"? "Le azioni specifiche che rivelano la natura ingannevole presente nel cuore dell'uomo". In altre parole, l'invidia, l'ira, l'odio, l'avidità, la mente adultera, l'arroganza, la falsità e tutte le altre malvagità che gli uomini rivelano di possedere attraverso violenza, linguaggio volgare, l'adulterio e l'omicidio. L'insieme di queste azioni viene chiamato "carne" e ciascuna di queste azioni è definita "opere della carne".

I peccati non rivelati attraverso le azioni, quelli commessi nella mente attraverso i pensieri, sono chiamati "le cose della carne". Le cose della carne possono fuoriuscire e diventare azioni, (vale a dire opere della carne), ameno di non venire estirpate dal cuore. Maggiori informazioni a proposito delle cose della carne saranno affrontate nella seconda parte di questo libro "Formazione dell'anima".

Quando le cose della carne vengono rivelano attraverso le opere della carne, ecco che ci macchiamo anche di ingiustizia e illegalità. La natura peccaminosa che tutti abbiamo nel cuore, non è ingiustizia finché, messa in azione, diventa ingiustizia. Se non ci liberiamo dalle cose della carne, continueremo a commettere le opere della carne, e questo costruirà un muro tra Dio e noi. Poi, Satana ci accuserà portandoci prove e difficoltà e sopratutto incidenti, da cui Dio non può proteggerci. Non sappiamo cosa accadrà domani se non siamo sotto la protezione di Dio. Le opere della carne sono anche il motivo per cui non riceviamo risposte alle nostre preghiere.

Opere evidenti della carne

I peccati più evidenti e visibili della diffusa malvagità sulla terra, sono, l'immoralità sessuale e la sensualità. Sodoma e Gomorra erano pieni di sensualità, e sono state distrutte da zolfo e fuoco. Se guardiamo le rovine della città di Pompei, queste ci confermano come fosse adultera e decadente quella società.

Galati 5:19-21 descrive le opere della carne:

> *Ora le opere della carne sono manifeste, e sono: fornicazione, impurità, dissolutezza, idolatria, stregoneria, inimicizie, discordia, gelosia, ire, contese, divisioni, sètte, invidie, ubriachezze, orge e altre simili cose; circa le quali, come vi ho già detto, vi preavviso: chi fa tali cose non erediterà il regno di Dio.*

Anche oggi le opere della carne dilagano in tutto il mondo. Permettetemi di darvi alcuni esempi di opere della carne.

In primo luogo, l'immoralità sessuale, che può essere sia fisica che spirituale. In senso fisico, si riferisce all'adulterio e alla fornicazione. Anche i fidanzati non fanno eccezione. Oggi, tutto, ma proprio tutto, dai romanzi, ai film ai telefilm, descrive la fornicazione come qualcosa di bellissimo, paragonandola all'amore, rendendo in tal modo le persone insensibili verso i peccati, sfocandone il loro discernimento. Non solo, la massiccia produzione di materiale osceno incoraggia la fornicazione.

Esiste, però, un'immoralità da cui i credenti si lasciano intaccare. Mi riferisco all'immoralità spirituale. Quando vanno a da un indovino, quando comprano un amuleto o un portafortuna, o praticano la magia, questo è un adulterio spirituale (1 Corinzi 10:21). Se i cristiani non si fidano di Dio che controlla la vita, la morte, la benedizione e la maledizione, e cercano da idoli e demoni le loro risposte, questo è considerato adulterio spirituale, perché equivale a tradire Dio.

In secondo luogo, impurità significa seguire la lussuria e fare molte cose ingiuste, riempire la propria vita di parole e azioni adultere. Mi riferisco a qualcosa che va oltre il livello ordinario di immoralità sessuale, come, ad esempio, l'accoppiamento con gli animali, sesso di gruppo e l'omosessualità (Levitico 18:22-30). Più il peccato prevale, più le persone diventano insensibili riguardo l'adulterio.

Queste cose esprimono una chiara opposizione a Dio oltre che disobbedienza (Romani 1:26-27). Sono peccati che privano della salvezza (1 Corinzi 6:9-10), detestabili davanti a Lui (Deuteronomio 13:18). Sostenere un cambiamento di sesso chirurgico, indossare abiti femminili per un uomo, o viceversa, sono tutte azioni abominevoli davanti agli occhi del Signore (Deuteronomio 22:5).

In terzo luogo, anche l'idolatria è considerata un orrore per l'Eterno, sia l'idolatria fisica che quella spirituale.

Per idolatria fisica mi riferisco all'adorazione di immagini di legno, pietre, o di metallo, piuttosto che Dio Creatore (Esodo 20:4-5). L'idolatria è un peccato molto grave che causa una maledizione generazionale, che colpisce fino alla quarta generazione. Se osservate quelle famiglie che praticano l'idolatria, non potrete fare a meno di notare che il diavolo, costantemente, porta prove e difficoltà su di loro, tanto che esiste un'incessante linea di difficoltà. In particolare, ci sono molti membri della famiglia posseduti dal demonio, che hanno disturbi mentali o di alcolismo. Coloro che sono nati in famiglie di questo tipo, anche se accettano il Signore, il diavolo cerca di continuo di disturbarli, e la loro vita nella fede è costellata di molte difficoltà.

Quando parlo di "idolatria spirituale", mi riferisco a quando un credente ama qualcosa più di quanto ama Dio, quando non osserva il giorno del Signore per andare a vedere un film o una manifestazione sportiva (o altri hobby). Quando si trascurano i doveri richiesti dalla fede a motivo di un fidanzato o di una fidanzata, anche questo è idolatria spirituale. Oltre a queste cose, amare famiglia, figli, intrattenimenti mondani, beni di lusso, potere, fama, denaro, conoscenza o successo, più di Dio, significa adorare un idolo.

In quarto luogo, la stregoneria, la quale altro non è che l'uso del potere acquisito attraverso il supporto o il controllo di spiriti maligni, in particolare per la divinazione.

Andare da un cartomante e dire che credi in Dio è un totale controsenso, e anche per i non credenti è pericoloso, perché scatena disastri su di sé, attraverso gli spiriti che si sono interrogati per compiere i sortilegi.

Ad esempio, se si mette in atto una stregoneria perché si vuole che dei problemi vadano via, questi problemi peggioreranno piuttosto che sparire. Dopo aver compiuto la magia, gli spiriti maligni se ne staranno tranquilli per un po', ma presto torneranno a portare maggiori problemi, così che la persona torni a cercare altro aiuto presso il mago. A volte si può avere l'impressione che i maghi conoscano il futuro, ma questo è falso, perché gli spiriti maligni non conoscono ciò che verrà. Soltanto, essendo degli esseri spirituali e conoscendo il cuore degli uomini – carnali –, sanno ingannare la gente e parlano del futuro in modo che chi li consulta ne resti ammaliato, questo lo fanno nella loro ricerca di adorazione. Nella categoria "stregoneria" vanno inclusi anche tutti quei disegni o espedienti che gli uomini sviluppano per ingannare gli altri, e quindi, va da sé che occorre stare attenti anche a questi. Se, ad esempio, un uomo cade in un pozzo a causa del piano di un altro uomo, ci troviamo di fronte a un'opera dalla carne, che porta distruzione su chi l'ha escogitata.

Quinto, l'inimicizia, che altro non è che un odio attivo, tipicamente mutuo, o una cattiva volontà. Significa desiderare che altri siano distrutti e, in realtà, cercare che succeda. Coloro che hanno l'inimicizia nel cuore, odiano gli altri e provano verso di loro dei sentimenti cattivi solo perché a loro non piace l'altra persona. Se quest'odio è dilagante, possono esplodere, o perpetuare calunnie e maldicenze fino al punto di rovinare l'altro.

Sesto, la discordia, quell'amaro conflitto a volte violento o divergente. La discordia frammenta un gruppo unico in piccoli gruppi diversi, come può capitare in una chiesa, solo perché alcuni degli appartenenti al gruppo hanno opinioni differenti. Quindi, iniziano a parlano male di altri, li giudicano e condannano, causando la divisione della chiesa, a volte anche in più gruppi.

Settimo, il dissenso, cioè, quelle azioni volte a dividere in gruppi una comunità a motivo dei propri pensieri. Questo può accadere nelle famiglie come nella Chiesa. Absalom, il figlio di Davide, che si ribellò contro il padre per diventare re, tradì e si divise dal padre per seguire i propri desideri. Dio abbandona una persona così. Absalom affrontò una morte davvero misera.

Ottavo, le fazioni. Quando le fazioni si sviluppano, possono trasformarsi in eresie. 2 Pietro 2:1 dice: *"Però ci furono anche falsi profeti tra il popolo, come ci saranno anche tra di voi falsi dottori che introdurranno occultamente eresie di perdizione, e, rinnegando il Signore che li ha riscattati, si attireranno addosso una rovina immediata"*. Eresia è negare Gesù Cristo (1 Giovanni 2:22-23, 4:2-3). Dicono di credere in Dio, ma negano la Trinità, o che Gesù Cristo ci abbia acquistato con il suo sangue. Essi non sanno che così facendo causano su di loro una distruzione rapida. La Bibbia dice chiaramente che chiunque neghi Gesù Cristo è anatema.

Nono, l'invidia, vale a dire, quando la gelosia si trasforma in un atto grave. L'invidia è sentirsi a disagio, prendere le distanze e odiare gli altri perché ci sembrano migliori di noi. Se l'invidia viene alimentata e si sviluppa, può sfociare in azioni dannose. Saul era così geloso di uno dei suo uomini, Davide, perché molte persone lo amavano, che tentò di ucciderlo tramite il suo stesso esercito. Questo tentativo, non solo non gli riuscì ma, nel perpetrarlo, uccise un gran numero di sacerdoti e gli abitanti del villaggio che avevano protetto Davide nascondendolo.

Decimo l'ubriachezza. Dopo il diluvio, Noè commise un grave errore dalle conseguenze tremende. Bevve troppo vino e si ubriacò, e, a motivo di ciò, maledisse Cam che aveva rivelato la sua colpa.

Efesini 5:18 dice: *"Non ubriacatevi! Il vino porta alla dissolutezza. Ma siate ricolmi di Spirito"*. Alcuni dicono che forse bere un bicchiere di vino sia ok, ma così non è, perché si beve per ubriacarsi, che sia un bicchiere o due. Inoltre, quando ci si ubriaca, si commettono un sacco di peccati perché non siamo in grado di controllare noi stessi.

La Bibbia parla di vino perché, in Israele, l'acqua è scarsa, e così invece di acqua Dio permise loro di bere di questo puro succo di vite, o di altra bevanda inebriante, sempre succo di frutti zuccherini (Deuteronomio 14:26). In realtà, Dio non ha mai permesso agli uomini di bere alcolici (Levitico 10:9, Numeri 6:3, Proverbi 23:31, Geremia 35:6, Daniele 1:8, Luca 1:15; Romani 14:21) e ha consentito solo in casi molto particolari l'uso limitato di succo di vite, che causa ubriachezza solo se bevuto in grandi quantità. In ogni caso, il popolo di Israele beveva questa bevanda al posto dell'acqua, per dissetarsi e non per ubriacarsi e divertirsi.

Ultimo, le orge, cioè, fruire di alcol, donne, gioco d'azzardo, e altre cose lussuriose senza autocontrollo. Essere senza autocontrollo significa agire con una personalità orgiastica, come vivere una vita eccessivamente oscena o dissipare le proprie sostanze economiche senza controllo, anche questo è orgiastico. Se continuate a consumare questo tipo di vita anche dopo aver accettato il Signore, non vi sarà possibile estirpare il male dal cuore e pertanto non potrete ereditare il regno di Dio.

Ma cosa vuol dire "non ereditare il Regno di Dio"?

Finora abbiamo esaminato le opere evidenti della carne senza chiederci quali siano le ragioni fondamentali per cui le persone le commettono. Il motivo è che non vogliono mettere Dio il Creatore al centro del loro cuore. Come Romani 1:28-32 ben descrive: *"Siccome non si sono curati di conoscere Dio, Dio li ha abbandonati in balìa della loro mente perversa sì che facessero ciò che è sconveniente; ricolmi di ogni ingiustizia, malvagità, cupidigia, malizia; pieni d'invidia, di omicidio, di contesa, di frode, di malignità; calunniatori, maldicenti, abominevoli a Dio, insolenti, superbi, vanagloriosi, ingegnosi nel male, ribelli ai genitori, insensati, sleali, senza affetti naturali, spietati. Essi, pur conoscendo che secondo i decreti di Dio quelli che fanno tali cose sono degni di morte, non soltanto le fanno, ma anche approvano chi le commette"*.

Questo passaggio, in sostanza, dice che se pratichiamo le opere evidenti della carne non erediteremo il regno di Dio.

Certo, non è che non siamo più salvati solo perché abbiamo commesso saltuariamente dei peccati a causa di una fede debole.

I nuovi credenti che non conoscono ancora la verità molto bene o quelli con una fede debole, non è che non riceveranno la salvezza solo perché non si sono ancora liberati delle opere della carne. Tutti gli uomini si portano dentro l'iniquità, almeno fino al raggiungimento di una fede matura, e tutti possono essere perdonati dei loro peccati invocando il sangue del Signore. Ma, se continuano a commettere le opere della carne, senza avere l'intenzione di allontanarsene, allora non possono ricevere la salvezza.

I peccati che portano alla morte

1 Giovanni 5:16-17 dice: *"Se qualcuno vede suo fratello commettere un peccato che non conduca a morte, preghi, e Dio gli darà la vita: a quelli, cioè, che commettono un peccato che non conduca a morte. Vi è un peccato che conduce a morte; non è per quello che dico di pregare. Ogni iniquità è peccato; ma c'è un peccato che non conduce a morte"*. Come appena letto, ci sono peccati che conducono alla morte e peccati che non portano alla morte.

Ora, quali sono i peccati che portano alla morte, quelli che ci privano del diritto di ereditare il regno di Dio?

Ebrei 10:26-27 dice: *"Infatti, se persistiamo nel peccare volontariamente dopo aver ricevuto la conoscenza della verità, non rimane più alcun sacrificio per i peccati; ma una terribile attesa del giudizio e l'ardore di un fuoco che divorerà i ribelli".* Se continuiamo a commettere peccati, sapendo che sono peccati, ci stiamo opponendo volontariamente a Dio, e lui non dà lo spirito di pentimento a queste persone.

Ebrei 6:4-6 dice anche: *"Infatti quelli che sono stati una volta illuminati e hanno gustato il dono celeste e sono stati fatti partecipi dello Spirito Santo e hanno gustato la buona parola di Dio e le potenze del mondo futuro, e poi sono caduti, è impossibile ricondurli di nuovo al ravvedimento perché crocifiggono di nuovo per conto loro il Figlio di Dio e lo espongono a infamia".* Se sfidi Dio, dopo aver conosciuto la verità e sperimentato le opere dello Spirito Santo, lo spirito di pentimento non ti verrà dato, e quindi non sarai salvato.

Se condanni le opere dello Spirito Santo denominandole come opere del diavolo o eresia, non puoi ottenere più la salvezza, perché questo significa bestemmiare e opporsi allo Spirito Santo (Matteo 12:31-32).

Occorre comprendere che ci sono peccati che non possono essere perdonati e stare attenti a non commetterli mai. Ricordiamoci che anche i peccati banali possono trasformarsi in peccati gravi se persistono con costanza. Ecco perché dobbiamo restare nel recinto denominato verità, sempre.

5. Coltivazione

Quando parlo di coltivazione umana, mi riferisco a tutti i processi di creazione messi in atto da Dio per guadagnarsi dei figli su questa terra e al governo della storia umana, fino al giorno del giudizio.

La coltivazione è il complesso delle azioni messe in atto da un contadino che semina dei semi per poi mietere il raccolto che questi produrranno. Dio ha gettato il primo seme chiamato Adamo ed Eva su questa terra per ottenere un raccolto di veri figli e, attraverso la sua fatica, farli crescere su questa terra. Dio, che conosce ogni cosa dall'inizio, sapeva già che l'uomo si sarebbe fatto corrompere dalla disobbedienza e che Lui ne sarebbe stato rattristato. Ciononostante, Egli continua a coltivare gli uomini perché sa, che alla fine, ci saranno dei veri figli, dal cuore simile al suo, che avranno estirpato il male dal loro cuore per amore di Lui.

L'uomo è stato creato dalla polvere della terra, in modo che nella sua natura siano intrise le caratteristiche tipiche del suolo. Il suolo, la terra, ha il potere di produrre nuova vita, infatti, quando seminiamo in un campo, i semi germogliano, crescono e portano frutti. Non solo, il carattere di ogni terreno cambia in base a ciò che vi si aggiunge. Lo stesso vale per gli uomini. Ad esempio, quelli che si arrabbiano spesso arriveranno ad avere un natura iraconda. Quelli che mentono di continuo, avranno una natura preponderantemente bugiarda. Dopo aver commesso il peccato,

Adamo, e tutti i suoi discendenti, divennero uomini di carne soggetti a macchiarsi rapidamente di tutto ciò che è menzogna.

Per questa ragione gli uomini devono lavorare il terreno del loro cuore e recuperare il cuore dello spirito attraverso la coltivazione umana. Dopo tutto, il motivo per cui sono coltivati su questa terra è per recuperare il cuore puro che Adamo possedeva prima della caduta. Dio, nella Bibbia, ci ha lasciato le parabole che rendono chiarissimo il concetto di coltivazione, in modo che possiamo comprendere la provvidenza della coltivazione umana (Matteo 13, Marco 4, Luca 8).

In Matteo 13, Gesù paragona il cuore degli uomini al bordo della strada, a un campo roccioso, a un campo di spine e a un buon terreno. Per ciò che ci riguarda, dobbiamo verificare che tipo di terreno siamo e arare finché non diventiamo la terra buona che Dio desidera.

Quattro tipi di terreno/cuore

Il primo terreno è la strada, la terra indurita, calpestata da tante persone, per lungo tempo. In realtà, non è nemmeno un campo, e nessun seme potrà mai germogliare qui. Nessuna opera di vita potrà mai essere prodotta da questo terreno.

La strada, in senso spirituale, simboleggia il cuore di coloro che non accettano il Vangelo a priori. Il loro cuore è talmente indurito, dall'ego e dall'orgoglio, che non è neanche possibile seminarvi il seme del vangelo. Al tempo di Gesù, i capi del popolo ebreo erano molto testardi e non cambiavano mai la loro opinione e le proprie tradizioni, e per questo, hanno rifiutato Gesù e il Vangelo. Oggi, quelli che hanno il cuore duro come il ciglio della strada sono le persone così testarde da chiudere la propria mente a priori, che rifiutano il Vangelo per posizione presa, anche se viene mostrata loro la potenza di Dio.

La strada è un terreno molto difficile, perché i semi non possono essere neanche inseriti all'interno del suolo, così, arrivano gli uccelli e si mangiano i semi. Qui, gli uccelli simboleggiano Satana che porta via la Parola di Dio in modo che neppure una piccola fede sia in grado di svilupparsi. Magari sono pure persone che frequentano la chiesa perché spinte da familiari o conoscenti, ma non ascoltano la Parola di Dio predicata e non credono. Questo profilo ha, piuttosto, la tendenza a giudicare il ministro o il messaggio in base alla proprie idee. Coloro che hanno il cuore indurito e non aprono la loro mente non possono ricevere la salvezza perché il seme della Parola non può far germogliare alcun frutto.

Il secondo terreno è il campo roccioso, un tipo leggermente migliore della strada battuta. Laddove l'uomo il cui cuore è come la strada non ha alcuna intenzione di accettare la Parola di Dio, quello come il campo roccioso comprende la Parola che sente. I semi gettati nel campo roccioso germogliano qua e là, ma non crescono bene. Marco 4:5-6 dice: *"Un'altra cadde in un suolo roccioso dove non aveva molta terra; e subito spuntò, perché non aveva terreno profondo; ma quando il sole si levò, fu bruciata; e, non avendo radice, inaridì".*

Coloro che hanno il cuore simile al campo roccioso comprendono la Parola di Dio, ma non la accettano con fede. Marco 4:17 dice: *"Ma non hanno in sé radice e sono di corta durata; poi, quando vengono tribolazione e persecuzione a causa della parola, sono subito sviati".* Quando in questo verso scrive "parola" si riferisce alla Parola di Dio che dice cose come: "Osserva il sabato, dona la decima, non adorare gli idoli, sii umile e servi gli altri". Quando ascoltano la Parola di Dio, quelli dal cuore roccioso, ritengono di poterla osservare, ma non sono in grado di essere determinati se si presentano delle difficoltà. Gioiscono quando ricevono la grazia di Dio, ma nel momento in cui si trovano in situazioni difficili cambiano il loro atteggiamento. Hanno ascoltato e conoscono la Sua Parola, ma non hanno la forza di metterla in pratica perché non l'hanno coltivata nel loro cuore.

Il cuore che questa parabola paragona al campo di rovi è quello che comprende la Parola di Dio e comincia a metterla in pratica, ma non la osserva con tutte le proprie forze perché distratto da altre cose. Così, non porta frutto. Marco 4:19 dice: *"Poi gli impegni mondani, l'inganno delle ricchezze, l'avidità delle altre cose, penetrati in loro, soffocano la parola, che così riesce infruttuosa".*

Coloro che hanno questo cuore sembrano essere buoni credenti che praticano la Parola di Dio, ma attraversando prove e difficoltà la loro crescita spirituale è lenta. Non sperimentano l'azione divina fino in fondo e per questo vengono abbagliati dalle preoccupazioni del mondo, dall'inganno delle ricchezze, dalla bramosia di altre cose. Ad esempio, si supponga che la loro attività commerciale sia fallita e loro rischiano la prigione. In questo caso, se si crea la situazione attraverso la quale riescano a ripagare il debito falsificando delle carte o con degli espedienti, Satana sa che sono suscettibili a questo tipo di situazione e porterà sulla loro strada un inganno. Dio li può aiutare solo quando e se camminano in modo corretto, non importa quanto sia difficile. Spesso però, questo profilo cede facilmente all'inganno di Satana.

Anche se vorrebbero obbedire alla Parola di Dio, non riescono a farlo con fede perché la loro mente è colma di pensieri umani. Pregano sostenendo di aver rilasciato tutto nelle mani di Dio, ma in realtà danno priorità alla propria esperienza e alle proprie teorie nella gestione delle loro cose. Giacomo 1:08 dice che queste persone sono doppi d'animo.

Quando appaiono i primi germogli di spine, non gli attribuiscono troppa importanza, pensao che non avranno nessuna influenza particolare. Se però i germogli di spine diventano rovi, la situazione si farà difficile, da germogli diverranno cespugli e soffocheranno la crescita del buon seme. Pertanto, non appena ci accorgiamo che ci sono elementi che ci impediscono di obbedire alla Parola di Dio, dobbiamo eliminarli subito, anche se sembrano cose banali.

Infine, il quarto tipo, la buona terra, quella fertile, che il contadino ha potuto arare bene per rendere morbida, a cui ha rimosso le rocce e estirpato le spine. Per avere questo cuore significa che occorre astenersi dal fare le cose che Dio ci proibisce e di estirpare da noi le cose che Dio ci chiede di eliminare. Quando la Parola di Dio cade su un terreno dove non ci sono rocce o altri ostacoli, il raccolto produce frutto abbondante, quando 30, 60, o 100 volte quello che si è seminato. Queste sono persone che ricevono la risposta alle loro preghiere.

Al fine di verificare quanto bene abbiamo coltivato il terreno del nostro cuore, basta osservare come mettiamo in pratica la Parola di Dio. Più bene avete coltivato il suolo del vostro cuore, più facile sarà vivere secondo la Parola di Dio. Alcune persone conoscono la Sua Parola ma non riescono a metterla in pratica a causa di stanchezza, pigrizia, di pensieri falsi o dei propri desideri. Gli uomini dal cuore che è il buon terreno, non lasciano che questi ostacoli impediscano loro di osservare la Parola di Dio. Una volta che comprendono che qualcosa è la volontà di Dio e a Lui piace, la fanno.

Coltivando il terreno del vostro cuore arriverete ad amare quelli che prima odiavate, a perdonare quelli che prima non riuscivate a perdonare. Invidia e giudizio si trasformeranno in amore e misericordia, e l'altezzosità in umiltà e servizio. Questo significa estirpare il male, circoncidere il proprio cuore, coltivare il proprio cuore per renderlo un buon terreno. Così, quando il seme della Parola di Dio cade sul cuore che è buon terreno, ecco che germoglia e il frutto cresce in fretta e produce abbondantemente tutti e nove i frutti dello Spirito Santo e i frutti della Luce.

Quindi, è possibile cambiare il vostro cuore, trasformarlo in buon terreno, è possibile ricevere la fede spirituale dall'alto, è anche possibile pregare con fervore per manifestare la potenza di Dio, ascoltare la voce dello Spirito Santo in modo chiaro e compiere la volontà di Dio. Questi sono i figli che Dio desidera raccogliersi attraverso la coltivazione umana.

Il carattere del vaso: il campo del cuore

Un elemento importante per coltivare il nostro cuore è il carattere del vaso, che è collegato con le nostre caratteristiche naturali. La Bibbia mette a confronto vaso d'oro, d'argento, di legno e di argilla (2 Timoteo 2:20-21).

Tutti ascoltano la stessa Parola di Dio, ma quello che è recepito varia secondo il tipo di vaso in cui la parola viene riversata. Alcuni la accettano con "sì e Amen", mentre altri lasciano che scivoli via perché non si accorda con i loro pensieri. Alcuni la ascoltano con cuore sincero e cercano di praticarla mentre altri se ne dimenticano presto.

Queste differenze provengono dalle caratteristiche del carattere di ogni vaso. Se ti concentri sulla Parola di Dio che ascolti, essa verrà seminata nel tuo cuore in modo ben diverso da quando la ascolti con sonnolenza e senza l'attenzione che dovresti. Il risultato sarà molto diverso se il messaggio che hai ascoltato lo serbi nel profondo del tuo cuore o lo lasci andare via.

Atti 17:11 dice: *"Or questi erano di sentimenti più nobili di quelli di Tessalonica, perché ricevettero la Parola con ogni premura, esaminando ogni giorno le Scritture per vedere se le cose stavano così"*. e Ebrei 2:1 conferma: *"Perciò bisogna che ci applichiamo ancora di più alle cose udite, per timore di essere trascinati lontano da esse"*.

Se si ascolta diligentemente la Parola di Dio, se la si conserva nella mente e la si pratica letteralmente, possiamo affermare che il carattere del nostro vaso è davvero buono. Quelli con un vaso dal buon carattere sono obbedienti alla Parola di Dio, e in questo modo coltivano il terreno del loro cuore in tempi rapidi. Avendo un buon terreno, naturalmente, non mancherà loro di osservare la Parola di Dio e di mantenerla nel profondo del loro cuore.

Il buon carattere del vaso aiuta a coltivare la buona terra, e il buon terreno aiuta anche a coltivare un buon carattere del vaso. Come dice Luca 2:19: *"Maria serbava in sé tutte queste cose, meditandole in cuor suo"*. La Vergine Maria era un vaso eccellente, serbava la Parola di Dio nella sua mente, e per questo ricevette la benedizione di concepire Gesù attraverso lo Spirito Santo.

1 Corinzi 3:9 dice: *"Noi siamo infatti collaboratori di Dio, voi siete il campo di Dio, l'edificio di Dio"*. Siamo il campo che Dio vuole coltivare. Possiamo avere un cuore buono e pulito, un buon terreno, essere quel vaso d'oro che Dio può usare per i suoi nobili scopi, se osserviamo la Parola di Dio, se la serbiamo nella mente e la mettiamo in pratica.

Il carattere del cuore: le dimensioni del vaso

Vi è un altro concetto in relazione al vaso, concerne l'ampiezza e il modo con cui un individuo usa il suo cuore. Il carattere del vaso riguarda il materiale del recipiente, mentre il carattere del cuore, le dimensioni del vaso. Queste possono essere classificate in quattro categorie:

La prima categoria è la migliore, sono quelli che fanno più di quello che dovrebbero fare. Per esempio, i genitori chiedono ai loro figli di raccogliere le cose sparse sul pavimento, e i bambini non solo raccolgono le cose da terra, ma puliscono anche la camera. Superano le aspettative dei loro genitori, donando loro molta gioia. Stefano e Filippo erano semplici diaconi ma erano fedeli e irreprensibili come gli apostoli. Una delizia agli occhi di Dio, e infatti, hanno operato segni e prodigi con grande potenza.

La seconda categoria sono quelli che fanno ciò che viene loro richiesto di fare. Si assumono la loro propria responsabilità, senza dare molto conto agli altri o all'ambiente circostante. Possono essere riconosciuti per la loro obbedienza, ma non donano una gioia più grande e inaspettata a Dio. Alcuni credenti rientrano in questa categoria, fanno ciò che devono fare all'interno della loro chiesa, compiono i loro doveri senza curarsi di altri aspetti. Agendo così queste persone non diventeranno mai una grande gioia al cospetto di Dio.

La terza categoria sono quelli che fanno quello che devono fare per puro senso del dovere. Non adempiono i propri compiti con gioia e gratitudine, ma lamentandosi. Queste persone sono negative intutto ciò che esprimono, sono avari nel sacrificare sé stessi e nell'aiutare gli altri. Quando compiono il loro dovere, spesso, lo fanno infastidendo gli altri. Dio guarda il cuore. Egli è felice quando compiamo i nostri compiti non per senso del dovere ma per amore verso il nostro Dio, che è molto meglio di fare le cose per forza o per puro senso del dovere.

Alla quarta categoria appartengono quelli che praticano il male, che non hanno alcun senso di responsabilità, senso del dovere o considerazione per gli altri. Sono quelli che insistono sui loro pensieri e sulle proprie teorie, che trovano piacere nel rendere difficile la vita degli altri. Se queste persone sono pastori o leader di chiesa, non possono prendersi cura delle persone con amore, e per questo perdono anime o le fanno inciampare. Attribuiscono sempre la colpa agli altri per i risultati sfavorevoli che ottengono e, infine, lasciano le loro funzioni. Pertanto, è meglio che a loro non vengano affidati dei compiti in prima battuta.

Ora, cerchiamo di verificare qual è il carattere del nostro cuore. Anche se il nostro cuore non è sufficientemente grande, possiamo cambiare e farlo diventare grande. Per fare questo, dobbiamo praticamente santificarci e possedere un vaso dal buon carattere. Non possiamo avere un buon carattere del cuore avendo un vaso dal cattivo carattere.

Quelli con un buon carattere di cuore possono fare grandi cose davanti a Dio e dargli gloria. Come Giuseppe, che fu venduto dai sui fratelli a dei mercanti egiziani, che divenne schiavo di Potifar, un capitano della guardia del corpo del faraone. Non si lamentò mai, nemmeno una volta di tutto quello che gli era successo. Fece il suo dovere così fedelmente da diventare un collaboratore fidato del suo padrone, tanto che lo mise ad amministrare tutti gli affari della casa. In seguito fu ingiustamente accusato e imprigionato, ma essendo un uomo fedele, alla fine divenne il primo ministro di tutto l'Egitto. Salvò la nazione dalla grave siccità, salvò la sua famiglia e costruì le basi per la formazione della nazione di Israele.

Se non avesse avuto un buon carattere di cuore, avrebbe fatto ciò che era appena giusto, ciò che il suo padrone gli comandava di fare. Avrebbe finito per morire come uno schiavo in Egitto o dopo una vita di prigione. Giuseppe fu usato da Dio grandemente perché fece sempre del suo meglio, in ogni circostanza, e ha agì con un grande cuore.

Di frumento o di paglia?

Da molto tempo Dio si coltiva gli esseri umani, sin dalla caduta di Adamo. Quando arriverà il momento, Egli separerà il frumento dalla paglia, portando il grano nel regno dei cieli e gettando la pula all'Inferno. Matteo 3:12 dice: *"Egli ha il suo ventilabro in mano, ripulirà interamente la sua aia e raccoglierà il suo grano nel granaio, ma brucerà la pula con fuoco inestinguibile"*.

In questo passaggio, il grano è un riferimento a coloro che

amano Dio, praticano la Sua Parola e vivono nella verità. Al contrario, coloro che non vivono secondo la Parola, che praticano il male e agiscono secondo menzogna, che non accettano Gesù Cristo come Salvatore e compiono le opere della carne, questi, dicevo, sono la paglia.

Dio vuole che tutti diventino il grano e ricevano la salvezza (1 Timoteo 2:4), proprio come gli agricoltori vorrebbero raccogliere del frutto da tutti i semi che hanno seminato nel loro campo. Al momento della raccolta, però, la paglia c'è, e allo stesso modo, non tutti gli uomini alla fine della coltivazione umana diventeranno del grano.

Se non comprendiamo questo elemento fondamentale della coltivazione umana, potremmo ritrovarci a domandare: "Se Dio è amore, perché permette che alcuni si salvino e lascia che altri finiscano in distruzione?" Purtroppo, la salvezza individuale non è per Dio una decisione da prendere in simpatia, ma è lasciata al libero arbitrio di ogni persona. Chiunque vive nello spazio fisico deve scegliere, se andrà in Paradiso o all'Inferno.

Gesù disse in Matteo 7:21: *"Non chiunque mi dice: Signore, Signore! entrerà nel regno dei cieli, ma chi fa la volontà del Padre mio che è nei cieli"* e in Matteo 13:49-50: *"Così avverrà alla fine dell'età presente. Verranno gli angeli, e separeranno i malvagi dai giusti e li getteranno nella fornace ardente. Lì sarà il pianto e lo stridor dei denti".*

Quando parla dei "giusti" si riferisce ai credenti, cioè a dire che Dio separerà la pula dal grano tra i credenti. Questo significa che quando si accetta Gesù Cristo e si frequenta la chiesa, se non si estirpa il male dal cuore e non si osserva la volontà di Dio, si rimane comunque solo pula che verrà gettata nel fuoco dell'Inferno.

Attraverso la Bibbia Dio ci insegna come avere un cuore simile a quello di Dio il creatore, il vero scopo della vita e quello della coltura umana. Egli vuole che in noi siamo un vaso dal buon carattere e abbiamo un cuore puro, per presentarci davanti a lui come veri figli di Dio, il grano del regno dei cieli. Quante persone in questo momento stanno perseguendo cose senza senso in questo mondo che è pieno di peccati e di illegalità? Tantissime, perché sono controllate da loro anima.

Parte 2

Formazione dell'anima
(Funzionamento dell'anima nello spazio fisico)

Da dove vengono i pensieri degli uomini?

La mia anima prospera?

"Poiché demoliamo i ragionamenti e tutto ciò
che si eleva orgogliosamente contro la conoscenza di Dio,
facendo prigioniero ogni pensiero fino a renderlo ubbidiente a Cristo;
e siamo pronti a punire ogni disubbidienza,
quando la vostra ubbidienza sarà completa."

- 2 Corinzi 10:5-6

Capitolo 1

Formazione dell'anima

Dal momento in cui lo spirito dell'uomo è morto,
la sua anima ha assunto il posto di "padrone" dell'uomo
che vive nello spazio fisico. L'anima, nel tempo,
è stata sottomessa all'influenza di Satana e ora opera secondo questo influsso.

1. Definizione di anima

2. Funzionamento dell'anima nello spazio fisico

3. Buio

Quando osserviamo creature come i pipistrelli che catturano la loro preda con un sistema di eco-localizzazione, i salmoni o degli uccelli, viaggiare per migliaia di chilometri per tornare al loro luogo di origine per riprodursi o i picchi che beccano il legno quasi mille volte al minuto, sappiamo di vedere le meraviglie della creazione di Dio.

Gli uomini sono stati creati per sottomettere tutte queste cose. L'aspetto fisico dell'uomo non è forte come quello dei leoni o delle tigri, così come il nostro udito o il nostro olfatto, non sono così sviluppati come quelli dei cani. Tuttavia, l'uomo è stato nominato il Signore di tutte le creature, perché ha uno spirito e una capacità di ragionamento con una funzione cerebrale di un livello superiore. Gli uomini possiedono l'intelligenza e possono sviluppare scienza e civiltà e pronunciarsi su tutte le cose. Questa è la parte pensante dell'uomo in relazione con l'anima.

1. Definizione di anima

Il dispositivo di memoria nel nostro cervello, la conoscenza contenuta nella memoria e le riflessioni fatte recuperando queste conoscenze sono complessivamente denominate "anima".

Il motivo per cui dobbiamo comprendere con chiarezza il rapporto tra spirito, anima e corpo è per capire le funzioni corrette che l'anima dovrebbe svolgere, l'anima che Dio desidera. Come in origine. Per evitare di essere controllati da Satana (attraverso l'anima), è necessario che il nostro spirito sia il capo e governi tutto il nostro essere, e quindi anche la nostra anima.

Il dizionario italiano online definisce l'anima come: "Il principio vitale proprio dell'uomo che, in opposizione al corpo, viene identificato con le facoltà spirituali o indicato come loro sede". Il significato biblico dell'anima è ben diverso da questo.

Dio ha messo un dispositivo di memoria nel cervello umano. Il cervello ha la funzione di ricordare le cose, in modo che gli uomini possano acquisire conoscenza e immagazzinarla in questo dispositivo di stoccaggio per poi utilizzarla in seguito. Quando il contenuto del dispositivo di memoria viene recuperato, si parla di "pensiero". Vale a dire, il pensiero altro non è che il recupero delle cose che sono state inserite nel cervello. Il dispositivo di memoria, la conoscenza in esso contenuta e il recupero di questa conoscenza, tutto questo nel suo complesso è indicato come "anima".

L'anima dell'uomo può essere paragonata al sistema di gestione dei dati di un computer, all'interfaccia che gestisce l'acquisizione, l'archiviazione, la ricerca e l'utilizzo di tutte le informazioni. Gli uomini hanno l'anima in modo da poter ricordare e pensare, pertanto, l'anima, per gli uomini, è importante tanto quanto il loro cuore.

In base a quanti "dati" ha visto, sentito, inserito e da come li ricorda e utilizza, un uomo si differenzia da un altro, anche in intelligenza e potenza. Il quoziente intellettivo, o QI, è in gran parte acquisito per via ereditaria, sebbene possa anche essere modificato da elementi esterni, come lo studio e le esperienze. Anche se due persone nascono con lo stesso livello di QI, questo può variare nel tempo secondo le esperienza e la ricerca di ognuno.

L'importanza delle funzioni dell'anima

L'anima funziona in modi diversi a seconda del contenuto che inseriamo nel dispositivo di memoria. La gente vede, sente, e percepisce le cose, ricordandone molte, tutti elementi che in seguito recupera e utilizza per pianificare il futuro, per ragionare, per fare le scelte giuste o discernere il bene dal male.

Il corpo è come un vaso che contiene lo spirito e l'anima. L'anima ha un ruolo importante nella formazione del proprio carattere, della personalità e degli standard di giudizio attraverso i quali si compie la funzione di "pensare". Il successo di una persona, o il suo fallimento, sono fortemente dipendenti dalle funzioni proprie dell'anima.

Quello che sto per raccontare è avvenuto in un piccolo villaggio chiamato Kodamuri, che si trova 110 km a sud ovest di Calcutta, in India, nel 1920. Il pastore Singh e sua moglie erano missionari lì e vennero a sapere che nelle grotte non distanti dal villaggio vivevano degli esseri, che i locali chiamavano mostri, insieme a dei lupi. Quando il pastore Singh catturò due di questi mostri, immediatamente si rese conto che erano due ragazze, umane.

Secondo il resoconto che il pastore Singh stese, le ragazze erano umane solo in apparenza. Tutti i loro comportamenti ricalcavano esattamente quelli dei lupi. Una di queste ragazze morì presto, e l'altra, che si chiamava Gamara, visse con i Singhs per nove anni e morì di uremia, una forma di avvelenamento del sangue.

Durante il giorno Gamara restava immobile di fronte un muro in in una stanza buia e, senza muoversi affatto, si assopiva. Ma di notte, strisciava intorno alla casa ululando fortissimo proprio come fanno i lupi che, di contro, ululavano sentendola da lontano. Non usava le mani per mangiare ma leccava il cibo, se doveva correre lo faceva a quattro "zampe", proprio come un lupo. Se dei bambini le si avvicinavano, lei mostrava i denti ringhiando e allontanandosi.

I Singhs tentarono di rendere questa "ragazza lupo" un essere umano, ma non fu affatto facile. Solo dopo tre anni iniziò a mangiare con le mani, e dopo cinque a mostrare qualche espressione facciale, come tristezza o di gioia. Le emozioni che Gamara fu in grado esprimere prima di morire erano molto essenziali, qualcosa assimilabile a quelle dei cani che scodinzolano per manifestare la loro gioia quando incontrano il padrone.

Questa storia racconta con chiarezza che l'anima dell'uomo ha un'influenza diretta sul rendere gli esseri umani, umani, appunto. Gamara crebbe vedendo i comportamenti dei lupi e acquisendone i comportamenti. Non essendo stato possibile inserire in lei le conoscenze necessarie per essere "umana" la sua anima non poté svilupparsi. Essendo stata allevata dai lupi, non poteva fare altro che agire come un lupo.

La differenza tra uomini e animali

Gli uomini sono costituiti da spirito, anima e corpo. Il più importante di questi elementi è lo spirito. Lo spirito dell'uomo è dato da Dio, che è spirito, e non potrà mai estinguersi. Il corpo muore e torna a una manciata di polvere, ma lo spirito e l'anima rimangono in vita e vanno o in Paradiso o all'Inferno.

Quando Dio creò gli animali, Egli non respirò dentro di loro il soffio della vita come fece con gli esseri umani, per questo possiamo affermare che gli animali sono costituiti solo dal corpo e dell'anima. Anche gli animali hanno anche una "unità di memoria" nel cervello, infatti, sono in grado di ricordare ciò che hanno visto e sentito durante il corso della loro vita. Ma poiché non possiedono lo spirito, non hanno nemmeno il cuore spirituale e quello che ricordano è contenuto solo nell'unità di memoria di archiviazione delle cellule cerebrali.

Ecclesiaste 3:21 dice: *"Chi sa se il soffio dell'uomo sale in alto, e se il soffio della bestia scende in basso nella terra?"* Questo verso dice soffio dell'uomo, o, in altre traduzioni, "respiro", cioè la parola che descrive l'anima dell'uomo utilizzata al tempo dell'Antico Testamento. Prima che Gesù venisse sulla terra, lo spirito presente nelle persone, era "morto". Pertanto, salvati o meno, quando un uomo moriva, si diceva che il suo "respiro" o la sua "anima" lo aveva lasciato. Dire che l'anima va verso l'alto, sta a significare che l'anima non scompare, ma va o in Paradiso o all'Inferno. D'altra parte, l'anima degli animali scende verso terra, il che significa che si estingue. Quando un animale muore, anche le sue cellule cerebrali muoiono e con esse, anche tutto il contenuto presente all'interno del suo cervello cessa di esistere. L'anima smette di funzionare. In alcuni miti o storie, i gatti neri o i serpenti, una volta morti, si vendicano contro le persone che li hanno maltrattati, ma queste storie non dovrebbero essere considerate come vere.

L'anima degli animali è operativa, sì, ma limitatamente, in modo funzionale alla loro sopravvivenza fisica. È il risultato dell'istinto. Istintivamente, ad esempio, gli animali hanno paura della morte. Possono opporre resistenza o mostrare paura se sono minacciati, ma non possono mai vendicarsi. Gli animali non hanno lo spirito, il che significa che non potranno mai cercare

Dio. I pesci pensano forse al modo di incontrare il Creatore mentre nuotano? Non credo. Il funzionamento dell'anima dell'uomo, invece, ha una dimensione completamente diversa, molto più complicata di quella degli animali, perché gli uomini hanno la capacità di formulare pensieri ben oltre a quelli istintivi di sopravvivenza. Possono suscitare intere civiltà, pensare al significato della vita e sviluppare il pensiero filosofico o religioso.

Le funzioni dell'anima degli uomini hanno una dimensione superiore, perché, oltre al corpo e all'anima, essi sono anche dotati di uno spirito. Anche coloro che non credono in Dio hanno uno spirito. Questo spiega, in parte, come, anche chi non conosce nulla del mondo immateriale, possa, seppur vagamente, percepire il regno spirituale e avere timore riguardo la vita dopo la morte. Possessori di uno spirito morto, gli uomini sono completamente controllati dalla loro anima, per colpa della quale, commettono peccati che alla fine li condurranno all'inferno.

Uomo di anima

Quando Adamo fu creato, era un essere spirituale che comunicava direttamente con Dio. Vale a dire, il suo spirito era il suo padrone e l'anima era come un servo che obbediva allo spirito. Naturalmente, anche in questo caso l'anima aveva la funzione di ricordare e di pensare, ma non essendoci falsità o cattivi pensieri, l'anima seguiva le istruzioni dello spirito che rispecchiavano obbedienza alla Parola di Dio.

Dopo che Adamo mangiò dall'albero della conoscenza del bene e del male e il suo spirito morì, si trasformò, da uomo di spirito a uomo di anima. Progressivamente, anche attraverso l'ingresso di pensieri e azioni di falsità, l'anima passò sotto il controllo di Satana. Ora gli uomini sono sempre più distanti dalla verità, perché Satana controlla la loro anima e li conduce su strade di menzogna. Pertanto, gli uomini di anima sono quelli il cui spirito è morto e non sono in grado di ricevere alcuna conoscenza dello spirito di Dio.

Gli uomini di anima, il cui spirito è morto, non possono ricevere la salvezza, come Anania e Saffira nella chiesa primitiva. Essi credevano in Dio, ma non avevano la vera fede. Quando poi, incitati da Satana, mentirono allo Spirito Santo e a Dio, cosa gli successe?

Atti 5:4-5 dice: *"Tu non hai mentito agli uomini ma a Dio. Anania, udendo queste parole, cadde e spirò. E un gran timore prese tutti quelli che udirono queste cose"*.

Perché dice solo spirò, possiamo dedurre che non era salvato. Al contrario di Stefano, uomo di spirito e obbediente alla volontà di Dio, tanto da pregare per quelli che gli lanciavano le pietre durante la lapidazione, che, prima di morire, rilasciò il suo "spirito" nelle mani del Signore.

Atti 7:59 riporta che: *"E lapidarono Stefano che invocava Gesù e diceva: «Signore Gesù, accogli il mio spirito»"*. Ecco, si capisce che Stefano era stato salvato. C'è un solo verso in cui viene utilizzata la parola "vita" al posto di "anima" o "spirito". Quando Elia fa resuscitare il figlio della vedova di Sarepta, la versione originale dice proprio che la vita del bambino tornò in lui. *"Il Signore esaudì la voce d'Elia: l'anima* del bambino tornò in lui, ed egli visse"* (1 Re 17:22). [*la versione originale dice vita, qui tradotta in anima.]

Come già detto, ai tempi del Vecchio Testamento, la gente non aveva ancora ricevuto lo Spirito Santo, e il loro spirito non poteva essere rianimato. Così, la Bibbia non dice "spirito", anche se il bambino è stato salvato.

Perché Dio comandò di distruggere tutti gli Amalechiti?

Quando i figli d'Israele uscirono dall'Egitto e si dirigevano verso Canaan, incrociarono l'esercito degli Amalechiti. Questo popolo non aveva alcun timore dell'Iddio che era con i figli d'Israele, anche dopo aver sentito le grandi opere che aveva manifestato in Egitto. Per questo, gli Amalechiti attaccarono i figli di Israele, piombandogli addosso da dietro, attaccando i più deboli che camminavano per ultimi, quando erano stanchi e sfiniti (Deuteronomio 25:17-18).

A motivo di ciò, Dio aveva comandato a re Saul di distruggere tutti gli Amalechiti (1 Samuele 15), di uccidere tutto: uomini, donne, bambini, giovani e vecchi, e anche il loro bestiame.

Se non abbiamo una chiara comprensione dello spirito, non riusciremo a capire il perché di un comando che ha il sapore di una carneficina. Ci si potrebbe chiedere: "Se Dio è buono, se Lui è l'amore, perché comandare di uccidere crudelmente un intero popolo come se fossero animali?".

Se comprendiamo il significato spirituale di questo evento, riusciremo anche a capire perché Dio impartì questo comando. Gli animali hanno anche loro la memoria, tanto che quando sono addestrati ricordano e riconoscono come obbedire ai propri padroni. Siccome gli animali non hanno spirito, torneranno a essere solo una manciata di polvere. Essi non hanno alcun valore agli occhi di Dio. Allo stesso modo, coloro i cui spiriti sono morti e che non possono essere salvati, sono già destinati all'inferno, e come animali privi spirito, non sono di alcun valore per Dio.

Gli Amalechiti, in particolare, erano furbi e crudeli. Dio sapeva che qualsiasi tempo avrebbe loro concesso per convertirsi o pentirsi, a loro non sarebbe servito. Se ci fosse stato anche un solo giusto o qualcuno che aveva la remota possibilità di pentirsi dalle sue vie malvagie, Dio avrebbe cercato di salvarlo con tutti i mezzi. Ricordate la promessa di Dio che Egli non avrebbe distrutto il peccato pieno di Sodoma e Gomorra anche se ci fossero stati solo dieci uomini giusti?

Dio è pieno di misericordia ed è lento all'ira, ma quegli Amalechiti non avevano alcuna possibilità di ricevere la salvezza, indipendentemente dal tempo. Non erano il grano, ma la pula. Questo è il motivo per cui Dio ordinò di distruggere tutti gli Amalechiti che avevano resistito e si erano opposti a Lui.

Ecclesiaste 3:18 dice: *"Io ho detto in cuor mio: «Così è a causa dei figli degli uomini, perché Dio li metta alla prova, ed essi stessi riconoscano che non sono che bestie»"*. Dio li aveva messi alla prova, e gli Amalechiti non si erano dimostrati diversi dagli animali. Quando lo spirito è morto, l'uomo funziona con l'anima e il corpo, e agisce, a volte, proprio come gli animali. Naturalmente, in questo mondo pieno di peccato, oggi, ci sono molte persone che sono anche peggio delle bestie. Ovviamente non possono essere salvati. Da un lato, gli animali muoiono appena periscono, dall'altro, se non sono stati salvati, gli uomini devono andare all'inferno. Alla fine, sono molto peggio degli animali.

2. Funzionamento dell'anima nello spazio fisico

Nel uomo originale, lo spirito padroneggiava sull'uomo, ma a causa del peccato di Adamo, il suo spirito morì e l'energia spirituale cominciò a fuoriuscire da lui lasciando spazio all'energia carnale. Da questo momento in poi l'anima inizia a funzionare attivamente, operando nella falsità.

L'anima ha due funzioni. Una appartiene alla carne e l'altra appartiene allo spirito. Quando Adamo era uno spirito vivente, conosceva solo la verità che gli veniva impartita direttamente dalla bocca di Dio, ragione per cui, la sua anima agiva e funzionava solo secondo lo spirito. Vale a dire, le funzioni svolte dalla sua anima appartenevano alla verità. Purtroppo, quando il suo spirito morì, l'anima iniziò a funzionare e operare secondo menzogna.

In Luca 4:6 si legge: *"E il diavolo gli disse: Ti darò tutta questa potenza e la gloria di questi regni; perché essa mi è stata data, e la do a chi voglio"*. Il passaggio appena letto racconta il momento della vita di Gesù in cui il diavolo prova a tentarlo. Nel fare ciò, Satana, disse che l'autorità su tutta la terra gli era stata consegnata e non che era sua fin dall'inizio. Adamo è stato creato come il Signore di tutte le creature, ma è diventato schiavo del demonio per aver obbedito al peccato. Per questo motivo, l'autorità di Adamo da quel momento in poi è stata consegnata al diavolo, a Satana.

Satana non può dominare lo spirito o il cuore vero dell'uomo, ma ne controlla l'anima, sperando di portare via il loro cuore, e lo fa, innestando la falsità nei loro pensieri. Nella proporzione in cui riesce a catturare l'anima di un uomo, Satana può anche arrivare a controllarne il cuore.

Quando Adamo era uno spirito vivente, aveva solo la conoscenza della verità, e quindi, il suo cuore era uguale al suo spirito. Poi, dal momento in cui la comunicazione con Dio è stata interrotta, non poteva più ricevere la verità o l'energia spirituale, cosa che ha condotto l'uomo alla condizione di conoscenza della menzogna, perché fornitogli da Satana attraverso l'anima. La conoscenza della menzogna ha dunque formato la falsità che ora è presente nel cuore degli uomini.

Distruggere il funzionamento carnale dell'anima

Vi è mai capitato di dire senza mezzi termini alcune parole o fare qualcosa che non avreste mai pensato di fare? Sapete perché? Perché gli uomini sono controllati dalla loro anima. Soffocato dall'anima, il nostro spirito può tornare a essere attivo solo quando abbatteremo le azioni dell'anima che appartengono alla carne. Come possiamo farlo? La cosa più importante è riconoscere il fatto che la nostra conoscenza e le nostre idee sono errate. Solo allora potremo essere pronti ad accettare la Parola della verità, che è diversa dalle nostre idee.

Gesù usava le parabole per demolire le idee errate degli uomini (Matteo 13:34) che non riuscivano a capire le cose spirituali, perché il seme della vita di ogni uomo è stato soffocato dall'anima.

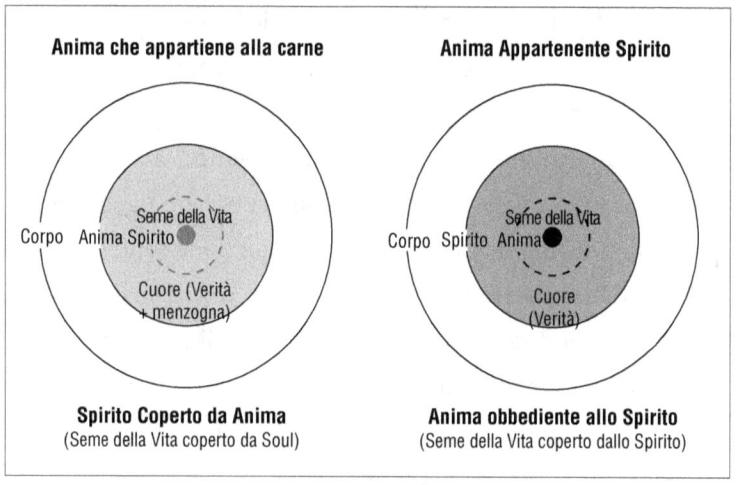

Attraverso le parabole, Gesù cercava di far loro capire le cose di questo mondo. Ciononostante, né i farisei, né i suoi discepoli le capivano, perché interpretavano il tutto con lo standard delle loro idee inamovibili e dei pensieri carnali di falsità, pertanto, mai avrebbero potuto comprendere le cose spirituali.

I legalisti di quel tempo condannarono Gesù per aver guarito un uomo nel giorno di sabato. Anche usando solo il buon senso, era evidente che Gesù fosse riconosciuto e amato da Dio, tanto da manifestare la sua potenza e compiere opere che solo Lui poteva mostrare. I contemporanei di Gesù, i legalisti, non riuscivano a capire il cuore di Dio a causa delle tradizioni degli anziani e delle loro strutture mentali. Gesù cercò di far loro comprendere che le idee su cui fondavano i loro ragionamenti erano sbagliate, erano unicamente "concettualizzazioni autoindotte".

Luca 13:15-16 dice: *Ma il Signore gli rispose: «Ipocriti, ciascuno di voi non scioglie, di sabato, il suo bue o il suo asino dalla mangiatoia per condurlo a bere? E questa, che è figlia di Abraamo, e che Satana aveva tenuto legata per ben diciotto anni, non doveva essere sciolta da questo legame in giorno di sabato?»*

Dopo aver ascoltato tali parole, gli avversari di Gesù si sentirono umiliati, mentre la folla si rallegrava delle cose gloriose che venivano fatte per mezzo di Lui. Gesù cercò di demolire i pensieri degli uomini perché solo liberandosi dalle loro idee distorte gli uomini possono aprire il cuore.

Leggiamo Apocalisse 3:20, che dichiara:

"Ecco, io sto alla porta e busso: se qualcuno ascolta la mia voce e apre la porta, io entrerò da lui e cenerò con lui ed egli con me".

In questo verso, la "porta" simboleggia la porta dei pensieri, vale a dire, l'anima. Il Signore bussa alla porta dei nostri pensieri con la Parola della verità. In questo momento, se apriamo il cancello dei nostri pensieri, vale a dire, se demoliamo la nostra anima e accettiamo la Parola del Signore, la porta del nostro cuore si aprirà. Se il cuore è aperto, quando la sua Parola arriva, e cominciamo anche a metterla in pratica, Questo è "cenare" con il Signore. Se riusciamo ad accettare la Sua Parola con "Amen", anche se non è in accordo con i nostri pensieri o le nostre teorie, demoliremo le funzioni non veritiere dell'anima.

Come già ampiamente spiegato, perché il Vangelo raggiunga il seme della vita, che è circondato dall'anima dell'uomo, bisogna aprire la porta dei nostri pensieri e poi la porta del nostro cuore. La questione è molto simile a quella di un ospite in visita. Perché il visitatore entri, il padrone di casa deve aprire la porta principale, farlo entrare in casa, e, soprattutto aprire la porta del soggiorno per arrivare al soggiorno.

Ci sono molti modi per demolire le funzioni dell'anima che appartengono alla carne. Per lasciare che la gente apra la porta dei loro pensieri del loro cuore e accetti il Vangelo, ad alcuni servono spiegazioni logiche mentre per altri è meglio mostrare il potere di Dio per altri ancora, occorrono allegorie e parabole. Inoltre, occorre costantemente abbattere le funzioni non veritiere dell'anima per permettere la crescita della fede in coloro che hanno già accettato il Vangelo. Sono molti i credenti che non crescono nella fede e nello spirito, perché non continuano a fare esperienze spirituali a causa della loro anima carnale.

Formazione della memoria

Per fare in modo che la nostra anima non agisca più sotto l'input della carne, dobbiamo conoscere il processo per il quale la conoscenza si trasforma in ricordo. A volte vediamo e sentiamo qualcosa, che poi facciamo fatica a ricordare. Altre volte, ricordiamo momenti e situazioni con chiarezza anche dopo un lungo periodo di tempo. Questa differenza deriva dal processo che la mente usa per fissare i ricordi nella nostra memoria.

Il primo metodo di immissione nella memoria avviene semplicemente quando sentiamo o vediamo qualcosa inavvertitamente, senza prestare molta attenzione. Supponiamo che state tornando a casa in treno. Con gli occhi guardate fuori il finestrino e vedete i campi coltivati a grano. Ora, se siete preoccupati da altri pensieri, una volta a casa, non potrete ricordare quello che avete visto sul treno. Lo stesso vale per gli studenti, se sognano ad occhi aperti in classe, non riusciranno a ricordare la lezione.

Il secondo modo è la memoria casuale. È possibile che guardando i campi di grano fuori dal finestrino, li relazioni ai tuoi genitori. Magari inizi a pensare a tuo padre, che è un agricoltore, e per questo i campi coltivati te lo fanno venire in mente. In questo caso, è possibile che una volta a casa potresti vagamente ricordare quello che hai visto. Anche agli studenti, può capitare che ricordino casualmente ciò che l'insegnante stava dicendo. Il ricordo in questo caso resta fermo un paio di giorni per poi svanire.

Il terzo metodo è quello di fissare la memoria volontariamente. Se, ad esempio, guardi fuori dal finestrino del treno e anche tu sei un contadino, nel vedere i campi di grano presterai parecchia attenzione a ciò che vedi. Noterai la cura di chi li coltiva o come sono state costruite le serre, forse scopri qualcosa che poi vorrai provare sui tuoi campi. In questo caso, presti molta attenzione a quello che vedi, lo fissi bene nel tuo cervello, in modo da poter ricordare i dettagli, anche dopo l'arrivo a casa. Se siete in classe, ad esempio, supponiamo che l'insegnante dica: "Subito dopo questa lezione faremo una verifica che vi toglierà un voto per ogni risposta sbagliata", è altamente probabile che ogni studente di questa classe ascolti con concentrazione la lezione, per poter ricordare tutto. Questo tipo di memoria permane un tempo relativamente più lungo rispetto a quelle precedenti.

Il quarto modo per fissare un ricordo nella nostra memoria è quello di piantarlo sia nel cervello sia nel cuore. Supponiamo che state guardando un film triste. Entrate in sintonia con l'attore e i fatti del racconto, tanto che piangete e vi commuovete molto. In questo caso, la storia raccontata nel film verrà fissata non solo nella vostra memoria, ma anche nel vostro cuore. In pratica, questo ricordo si impianta non solo nelle cellule cerebrali ma anche nei sentimenti del cuore. Le cose che avete fortemente impresse sia nella memoria che nel cuore, sarete in grado di richiamarle alla mente per sempre, a meno che le cellule del cervello non vengano danneggiate. Non solo, anche se il cervello è danneggiato, ciò che è nel cuore vi rimane.

Se, ad esempio, un bambino testimonia la morte dei suoi genitori in un incidente stradale, lo shock che ne ricava è fortissimo. Anche in questo caso, la scena e le sensazioni dolorose saranno fissate nel suo cuore. Quando un ricordo viene fissato sia nella memoria cerebrale che nel cuore, è molto difficile dimenticare. Ora che abbiamo esaminato i quattro metodi di memorizzazione possiamo esaminare anche le funzioni dell'anima.

Cose che voglio dimenticare, ma che mi vengono costantemente riportate alla mente

A volte, ci tornano costantemente in mente delle cose che non vogliamo ricordare. Perché succede? A motivo dell'ultimo processo, quando i ricordi si fissano nella nostra memoria, perché impressi sia nel nostro cervello, con in nostri pensieri, che nel cuore, con le nostre emozioni.

Supponete di odiare qualcuno. Ogni volta che pensate a questa persona, soffrite per l'odio che provate per lui (o lei). In questo caso, è necessario, prima di ogni cosa, pensare alla Parola di Dio. Egli ci dice di amare anche i nostri nemici, seguendo l'esempio di Gesù che pregava per quelli che lo stavano crocifiggendo, chiedendo al Padre di perdonarli. Il cuore che Dio desidera per noi è ricolmo di bontà e di amore, nel caso ora non sia così, dobbiamo eliminare, estirpare da noi il cuore non veritiero che viene dal diavolo, da Satana, il nemico.

Nella maggior parte dei casi, se consideriamo la causa fondamentale, ci rendiamo conto che odiamo gli altri per cose banali. In obbedienza alla Parola di Dio, se analizziamo noi stessi e leggiamo 1 Corinzi 13, scopriremo che dobbiamo cercare il bene degli altri, essere gentili e comprensivi. Quando e se ci accorgiamo che non stiamo agendo rettamente, l'odio nel nostro cuore può a poco a poco svanire. Se percepiamo e innestiamo nella nostra mente la bontà, in primo luogo, ne gioveremo noi che non soffriremo più di cattivi pensieri. Anche se gli altri fanno qualcosa che non vi piace, se non avete l'odio, i buoni sentimenti che albergano in voi vi faranno pensare il bene: "Per agire così, questa persona deve avere una ragione".

Riconoscere quando la menzogna si fissa nella memoria

E che dire ti tutta la falsità che abbiamo già introdotto dentro di noi? Di tutti i falsi sentimenti?

Se qualcosa è stato impiantato nel profondo del tuo cuore, ti verrà spesso alla mente, anche se non ci pensi consapevolmente. Se vuoi che questo non succeda più, occorre cambiare i tuoi sentimenti in relazione a quell'episodio o situazione. Piuttosto che cercare di non pensarci, cambia il pensiero. Ad esempio, è possibile modificare i tuoi pensieri su qualcuno che odi. Si può fare, ad esempio, iniziando a considerare il suo punto di vista e cercando di comprendere le ragioni che lo hanno portato ad agire in quel modo, scoprendo che magari anche tu avresti fatto la stessa cosa nella sua situazione.

Non solo, considera gli aspetti positivi di questa persona e prega per lui. Parlagli con parole delicate e portagli un piccolo dono, perché, mostrando amore, la sensazione di odio piano

piano diluisce e diventerà un sentimento d'affetto. Alla fine di questo processo, quando ti troverai a pensare a questa persona non soffrirai più.

Prima di accettare il Signore, immobilizzato nel mio letto per sette anni, senza nessuna cura possibile e privato di qualsiasi speranza di vita, ho provato odio profondo verso tante persone. I debiti aumentavano e la mia famiglia era al collasso. Mia moglie doveva lavorare molto per la nostra sopravvivenza e nessuno dei nostri parenti ci stava vicino perché ci percepivano tutti come un peso.

I rapporti con i miei fratelli e le mie sorelle in breve si deteriorarono, perché io ero concentrato sulla mia situazione, provando risentimento per loro che mi avevano abbandonato. Serbavo rancore verso mia moglie che spesso faceva i bagagli e se ne andava, oltre che verso i suoi familiari che avevano ferito i miei sentimenti con parole dure. Ogni volta che li incontravo mi guardavano con disprezzo, e il mio odio cresceva. Un giorno, però, tutto il mio odio, tutto il mio rancore, finì.

Poco dopo aver accettato il Signore, ascoltando la sua Parola, mi sono reso conto che anche io avevo delle colpe. Dio, che ci chiede di amare anche i nostri nemici, ha dato il suo unico Figlio come sacrificio espiatorio per noi. Come potevo mai, io, serbare risentimento e rancore verso quelle persone! Cominciai a pensare e a rivedere le situazioni dal loro punto di vista. Supponiamo che mia sorella avesse sposato un uomo incompetente, un incapace, tanto da dover lei lavorare duro per sostenere la famiglia. Cosa avrei pensato, io, di quell'uomo? Quando ho cominciato a vedere le situazioni non più solo dal mio punto di vista ma anche dal loro, iniziai a capire, e mi sono reso conto, che la colpa era la mia.

Man mano che il mio pensiero cambiava, nacque in me un senso di gratitudine verso la mia famiglia e quella di mia moglie, ché spesse volte ci portavano un po' di riso o altri beni di prima necessità, Fui grato per questo. Inoltre, fu proprio a causa della mia condizione estremamente difficile che arrivai ad accettare il Signore e a conoscere il cielo, quindi, fui grato anche per questo. Questo processo mi portò in breve a un grande senso di gratitudine, sia per essere stato malato, sia per aver incontrato mia moglie, tanto che tutto il mio odio si trasformò in amore.

Funzioni dell'anima originate dalla falsità

Se l'anima opera attraverso la falsità, non solo danneggia voi, ma anche le persone intorno a voi. Ora andiamo a considerare quei casi della nostra vita quotidiana in cui l'anima opera a partire dalla falsità.

In primo luogo, gli equivoci. Quelle situazioni in cui noi non riusciamo a comprendere gli altri e a non farci comprendere.

Le persone sviluppano gusti diversi, come anche valori e concetti riguardo ciò che è giusto. Alcune persone amano i gioielli e i vestiti particolari, mentre altri preferiscono uno stile semplice e comodo. Lo stesso vale per i film: quello che alcune persone trovano interessante, altri trovano noioso.

A causa di queste differenze si può arrivare a provare sensazioni sgradevoli verso quelli che sono molto diversi da noi senza accorgersene. Una persona dotata di una personalità estroversa ha la tendenza a parlare apertamente delle sue antipatie/simpatie. L'individuo con una personalità più riflessiva, al contrario, non esprime i suoi sentimenti e si prende tempo per decidere qualcosa perché vaglia tutte le possibilità. Per la prima, la seconda sembra lenta o non sufficientemente sveglia, mentre, la seconda, troverà la prima irruente e aggressiva, e per questo, tenderanno a evitarsi.

Non riuscire a comprendere o ad accettare gli altri rientra nelle funzioni dell'anima originate nella falsità. Se ci piace solo ciò che noi riteniamo piacevole, se pensiamo che solo ciò che a noi sembra essere giusto lo sia, allora non potremo mai né capire né accettare il nostro prossimo.

In secondo luogo, il giudizio.

Giudicare, qualcosa o qualcuno, significa giungere a una conclusione in base alle nostre strutture di pensiero o i nostri sentimenti. In alcuni paesi è segno di grande maleducazione soffiarsi il naso mentre si è seduti al tavolo da pranzo, in altri, invece, è perfettamente accettabile. In alcuni paesi ritengono maleducato lasciare degli avanzi, mentre in altri è accettabile oltre che considerato un gesto di cortesia, lasciare un po' di cibo nel piatto.

Una persona, vedendo un'altra mangiare con le mani gli chiese se non fosse antigienico, e lui gli rispose: "Mi lavo le mani, quindi so che sono pulite, però non so come hanno pulito queste posate. La mia mano è certamente più igienica". Influenzati dall'ambiente in cui siamo stati allevati e dalle cose che abbiamo imparato nel corso degli anni, i sentimenti, i pensieri e le reazioni saranno diversi da quelli di altre persone. Pertanto, non dobbiamo giudicare cosa sia giusto o sbagliato attraverso lo standard dell'uomo, che non è la verità.

Gli uomini esprimono i propri giudizi pensando che gli altri si comportino come loro, i bugiardi pensano che gli altri dicano bugie, coloro che amano spettegolare, giudicano pensando che anche le altre persone spettegolano.

Supponiamo di vedere un uomo e una donna che conosciamo bene, in piedi, insieme in un hotel. Si potrebbe ricorrere a un pensiero frettoloso e giudicare, dicendo qualcosa del tipo: "Devono essere stati in albergo insieme. Ho visto che si guardavano l'un l'altro in modo speciale...".

Ma non c'è modo di sapere se l'uomo e la donna hanno avuto una conversazione di lavoro nella caffetteria dell'hotel o se è solo capitato di imbattersi l'un l'altro. Se giudichiamo condannandoli e diffondendo una cosa del genere, queste persone potrebbero soffrire di una grande ingiustizia, non solo, la falsa notizia potrebbe anche arrecare seri danni alle persone coinvolte.

Anche le risposte irrilevanti vengono dal giudizio. Se chiedete a una persona che spesso arriva a lavoro in ritardo "A che ora sei arrivato oggi?" lui potrebbe rispondere: "Non ero in ritardo oggi". Tu gli hai chiesto una cosa e lui, pensando che lo stessi giudicando, ha dato una risposta del tutto irrilevante.

1 Corinzi 4:5 dice: *"Perciò non giudicate nulla prima del tempo, finché sia venuto il Signore, il quale metterà in luce quello che è nascosto nelle tenebre e manifesterà i pensieri dei cuori; allora ciascuno avrà la sua lode da Dio".*

Sono così tante le condanne e i giudizi che vengono inflitti ogni giorno in tutto il mondo, non solo a tra individui, ma a livello di famiglie, società, politica, e perfino nazioni. Tale malvagità provoca solo conflitto e infelicità. La gente vive giudicando, e la cosa più triste è che non se ne rende neanche conto. Naturalmente, a volte, il giudizio è pure corretto, ma, anche nel caso di essere nella ragione, giudicare è male ed è proibito da Dio, e quindi noi non dobbiamo farlo.

In terzo luogo, la condanna.

La gente non solo giudica gli altri usando come misura il proprio pensiero, ma li condanna pure. Alcune persone soffrono di immenso dolore a seguito di commenti ostili su di loro lasciati sul web. Giudizio e condanna fanno parte della nostra vita quotidiana più di quanto ce ne rendiamo conto. Se una persona vi passa davanti senza salutarvi, quasi certamente verrà condannata, nella vostra testa, di avervi volontariamente ignorato, quando, forse, semplicemente, non vi ha riconosciuto, o era presa da altri pensieri.

Ecco perché Giacomo 4:11-12 ci avverte:

"Non sparlate gli uni degli altri, fratelli. Chi dice male del fratello, o chi giudica il fratello, parla male della legge e giudica la legge. Ora, se tu giudichi la legge, non sei uno che la mette in pratica, ma un giudice. Uno soltanto è legislatore e giudice, colui che può salvare e perdere; ma tu chi sei, che giudichi il tuo prossimo?"

Giudicare o condannare gli altri è prendersi l'arroganza di agire come Dio. Queste persone si sono già condannate. Ancora più grave è quando si giudica o condanna su argomenti spirituali. Alcune persone giudicano e condannano le opere potenti della provvidenza di Dio seguendo le loro strutture mentali e le loro conoscenze.

Se qualcuno dice: "Sono stato guarito da una malattia incurabile con la preghiera!" gli individui di buon cuore ci credono, mentre gli altri giudicano, pensando, "Come può una malattia incurabile guarire solo con la preghiera? O gli era stata fatta una diagnosi errata o pensa di stare meglio ma in realtà non è così". Altri possono condannarlo dicendo che sta mentendo. Altri ancora si arrogano il diritto di giudicare e condannare anche i racconti della Bibbia sul Mar Rosso che si si è separato, sul sole e la luna che si sono fermati o sull'acqua amara trasformata in acqua dolce, sostenendo che sono solo miti.

Alcune persone dicono di credere in Dio, tuttavia giudicano e condannano le opere dello Spirito Santo. Se una persona dice che i suoi occhi spirituali sono stati aperti in modo che può vedere il regno spirituale, o che comunica con Dio, è incauto sostenere che è sbagliato o misticismo.

Al tempo di Gesù ci sono state molte persone come queste, che lo giudicavano quando guariva i malati di sabato, piuttosto che concentrarsi sulla potenza di Dio manifestata attraverso di Lui. Se non era in accordo con la volontà di Dio, una tale opera non avrebbe mai potuto avere luogo per mezzo di Gesù, in primis. Ma i farisei giudicavano e condannavano Gesù, il Figlio di Dio, perché utilizzavano il parametro delle strutture mentali che si erano costruiti. Giudicare e condannare le opere di Dio è un peccato grave, per questo bisogna stare molto attenti perché se parli contro lo Spirito Santo non ti sarà data la possibilità di pentirti.

La quarta operazione dell'anima originata nella falsità è il fornire un messaggio difettoso o errato.

Quando consegnamo un messaggio, tendiamo a inserire anche i nostri sentimenti e pensieri e quindi, il messaggio risulta distorto. Quando riportiamo un messaggio, anche se lo facciamo per filo e per segno, il suo significato originario può variare in base alle espressioni facciali e al tono di voce che assumiamo mentre lo consegnamo. Ad esempio, quando chiamiamo qualcuno usando una parola comunissima come "hey!", possiamo farlo usando una voce amicale e morbida, o con inflessione ruvida e arrabbiata. La stessa parola avrà, in questo caso, un significato completamente diverso. Non solo, se nel consegnare un messaggio, non ripetiamo le parole letteralmente ma le trasformiamo, utilizzando le nostre, il messaggio originale verrà inevitabilmente distorto.

Possiamo trovare questi esempi nella nostra vita quotidiana, sia se tendiamo a esagerare o a sminuire ciò che è stato detto. A volte, il contesto in cui si inerisce una frase cambia completamente, insieme al senso originale che si intendeva dare alle parole. Così succede quando, ad esempio "Non è vero?" diventa "È vero, non è vero?" o "Stiamo pensando di ..." o "Potremmo ..." si trasforma in "Sembra che stiamo per ...".

Se il nostro cuore è veritiero, non distorceremo i fatti filtrandoli attraverso i nostri pensieri, consegneremo i messaggi con maggiore accuratezza, nella misura in cui ci liberiamo della malvagità del nostro cuore. Spesso, infatti, dietro la mancanza di accuratezza nel consegnare un messaggio, nelle risposte veloci, in un giudizio espresso frettolosamente o quando sparliamo di qualcuno, si nasconde la ricerca di un beneficio personale. In Giovanni 21:18, il Signore Gesù introduce il martirio di Pietro dichiarando: *"In verità, in verità ti dico che quand'eri più giovane, ti cingevi da solo e andavi dove volevi; ma quando sarai vecchio, stenderai le tue mani e un altro ti cingerà e ti condurrà dove non vorresti"*.

Poi, Pietro, incuriositosi e guardando verso Giovanni, chiese a

Gesù: *"Signore, e di lui che sarà?"* (v. 21) Allora, Gesù rispose: *"Se voglio che rimanga finché io venga, che t'importa? Tu, seguimi"* (v. 22). Come pensate che questo messaggio sia stato consegnato agli altri discepoli? La Bibbia racconta che agli altri discepoli fu riportato che Gesù aveva detto che Giovanni non sarebbe morto. Ma questo non era quello che Gesù aveva detto! Il Signore stava spiegando a Pietro che la vita di Giovanni non erano affari suoi, e che se il Signore avesse voluto, lo avrebbe fatto vivere fino al giorno del suo ritorno, e comunque, Pietro non doveva impicciarsi. I discepoli, invece, riportarono un messaggio del tutto erroneo, aggiungendo i propri pensieri.

Quinto: le emozioni negative e il risentimento

Essendo degli esseri carnali, proviamo nel cuore dei sentimenti negativi, come la delusione, l'orgoglio ferito, la gelosia, la rabbia, tutti stati che inducono la nostra anima ad agire falsamente. A seconda del nostro stato d'animo, le stesse parole, in momenti diversi, acquisiscono significati opposti a cui seguono reazioni diverse.

Supponiamo che il titolare di una certa ditta dica a un suo operaio, "Potresti fare un lavoro migliore, no?" sottolineando un errore. In questa situazione, alcuni accetterebbero il consiglio con un sorriso e mansuetudine, pensando: "Sì, cercherò di fare meglio la prossima volta...", altri, magari quelli che si lamentano spesso del titolare, potrebbero prenderla male e con rancore, pensando: "Perché mi deve parlare in questo modo così cattivo? Perché non pensa a sé stesso? In fondo neanche lui sa fare il suo lavoro correttamente...".

Oppure, il tuo capo ti dà consigli dicendo: "Io penso che sarebbe meglio se correggi questa sezione in questo modo". Alcuni lo accettano di buon grado come un consiglio, pensando che abbia ragione, altri si sentono a disagio, feriti nel proprio orgoglio. A causa di questi cattivi sentimenti, si lamentano, pensando: "Ma come si permette, io ho fatto del mio meglio! Perché non se lo fa da solo visto che è così capace?"

Nella Bibbia leggiamo di Gesù che rimprovera Pietro (Matteo 16:23). Quando arrivò per Gesù il tempo della croce, parlò con i suoi discepoli spiegando loro cosa sarebbe successo di lì a poco. Pietro, che davvero non voleva che Signore soffrisse così tanto, gli disse: *"Dio non voglia, Signore! Questo non ti accadrà!"* (v. 22)

In questo momento, Gesù invece di consolarlo dicendogli: "So come ti senti. Ti sono grato per questo. Ma devo andare" lo rimproverò dicendo: *"Vattene via da me, Satana! Tu mi sei di scandalo. Tu non hai il senso delle cose di Dio, ma delle cose degli uomini"* (v. 23).

La strada della salvezza per i peccatori sarebbe stata aperta solo dopo la morte atroce di Gesù sulla croce. Interrompere questo processo significava arrestare la provvidenza di Dio. Pietro, che non aveva sentimenti negativi contro Gesù, perché credeva che tutto ciò che Gesù diceva, comprese il significato della sua risposta, con buon cuore. In seguito Pietro divenne l'apostolo della straordinaria potenza di Dio.

D'altro canto, cosa accadde a Giuda Iscariota? In Matteo 26, Maria di Betania versò un vasetto di profumo molto costoso su Gesù. Giuda pensando che fosse solo dissipazione disse loro: *"Perché questo spreco? Quest'olio si sarebbe potuto vendere caro e dare il denaro ai poveri"* (v. 9), quando in realtà, voleva solo rubare i soldi.

Gesù si compiacque di ciò che Maria aveva fatto essendo in linea con le provvidenza di Dio, infatti, lo aveva preparato per la sua sepoltura. Eppure, Giuda, che serbava cattivi sentimenti, riprese questa donna davanti a Gesù. Alla fine, fu proprio Giuda a commettere il grande peccato, tradendo e vendendo il Signore.

L'anima di molte persone in questo nostro tempo opera al di fuori della verità. Anche quando vediamo qualcosa, fin quando non abbiamo alcun sentimento a proposito, non stiamo facendo operare l'anima. Quando vediamo qualcosa, dobbiamo fermarci solo al livello di osservazione e non utilizzare i nostri pensieri per giudicare e condannare, quello è il peccato. Per mantenerci con la verità, è meglio non stare vedere e non restare a sentire tutto ciò che è falsità. Se anche entriamo in contatto con qualcosa di falso, possiamo ancora essere noi stessi e trattenere il bene se pensiamo e sentiamo in bontà.

3. Buio

Satana, come Lucifero, ha il potere delle tenebre e istiga gli uomini, attraverso cattivi pensieri e cuore malvagio, ad agire nel male.

In effetti, sono gli spiriti maligni che istigano la nostra anima ad agire nella menzogna. Il mondo degli spiriti del male è stato permesso da Dio ed esiste per soddisfare la provvidenza della coltura umana. Essi detengono il potere nell'aria, durante il tempo della coltivazione del genere umano, vale a dire, adesso. Efesini 2:2 dice: *"...ai quali un tempo vi abbandonaste seguendo l'andazzo di questo mondo, seguendo il principe della potenza dell'aria, di quello spirito che opera oggi negli uomini ribelli".*

Dio consentirà loro di controllare il flusso dell'oscurità fino a quando chiuderà il tempo della coltivazione umana.

Questi spiriti maligni, appartenenti al buio, ingannano le persone perché commettano peccati e si oppongano a Dio. Il mondo degli spiriti è strutturato su un ordine rigoroso. Il capo, Lucifero, domina l'oscurità, impartisce ordini e controlla gli spiriti maligni. Ci sono molti altri esseri che aiutano a Lucifero nel suo intento malvagio, come i draghi che hanno il potere pratico e i loro angeli (Apocalisse 12:7). Ci sono anche Satana, il diavolo e i demoni.

118

Lucifero, il Signore del mondo delle tenebre

Lucifero era un arcangelo che lodava Dio con una voce magnifica e strumenti musicali. Mentre godeva di una posizione elevata e di grande autorità, diventò arrogante e tradì Dio. Da quel momento, la sua meravigliosa apparenza fu trasformata e ora è mostruosamente orribile. Isaia 14:12 dice: *"Come mai sei caduto dal cielo, astro mattutino, figlio dell'aurora? Come mai sei atterrato, tu che calpestavi le nazioni?"*

Oggi, senza rendersene conto, le persone tendono a riprodurre le sembianze di Lucifero nel loro stile di capelli, nel make-up e nei trend della moda. Lucifero controlla la mente e i pensieri delle persone come desidera. In particolare, la sua influenza è chiaramente visibile nella musica del mondo, e incita al peccato e all'illegalità attraverso i comfort moderni, tra cui i computer. Lucifero ha la facoltà di ingannare anche capi di stato e governi, inducendoli a opporsi a Dio, tanto che, in alcuni paesi il cristianesimo è fuori legge e i cristiani perseguitati. Tutto questo è opera di Lucifero.

Non solo, Lucifero tenta le persone con varie forme di stregoneria e di magia, seducendo sciamani e maghi, tanto da farsi adorare. Applica tutto il suo impegno per portare anche solo un anima all'inferno, per indurre gli uomini a opporsi a Dio.

I draghi e i loro angeli

I draghi agiscono in qualità di leader degli spiriti maligni che lavorano sotto Lucifero. Quasi tutti pensano che il drago sia un animale immaginario, e invece, i draghi esistono davvero e fanno parte del mondo degli spiriti maligni, solo che sono invisibili, in quanto esseri spirituali. Come nella maggior parte delle comuni descrizioni di draghi, hanno le corna di cervo, occhi da demoni, le orecchie simili a quelli del bestiame, squame sulla pelle e quattro gambe. Sono un po' come dei rettili giganteschi.

In origine, alla creazione, i draghi erano ricoperti da piume bellissime e lucenti e circondavano il trono di Dio. Erano amati da Dio come noi amiamo i nostri animali domestici e gli restavano sempre vicini. Non solo. I draghi detenevano grande potere e autorità, ed erano a capo di numerosi angeli cherubini che gli erano subordinati. Quando, per seguire Lucifero, tradirono Dio, trascinarono con sé anche i loro angeli. Questi angeli dei draghi hanno sembianze orribili, sono simili a degli animali mostruosi, signoreggiano sull'aria insieme ai draghi con l'unico intendo di condurre gli uomini verso il peccato e il male.

Naturalmente, Lucifero è al vertice del mondo degli spiriti maligni, ma in senso puramente pratico e operativo, per il resto ha delegato ai draghi e ai loro angeli l'autorità di governare l'aria e di combattere contro gli esseri spirituali che appartengono a Dio. Da sempre i draghi si sono mostrati come figure allettanti agli uomini, in modo che le persone li ritraessero o scolpissero per adorarli. Oggi, alcune religioni apertamente idolatre, adorano i draghi e di contro, intere comunità sono dai draghi controllate.

Apocalisse 12:7-9 parla di draghi e dei loro angeli nel modo seguente:

> *E ci fu una battaglia nel cielo: Michele e i suoi angeli combatterono contro il dragone. Il dragone e i suoi angeli combatterono, ma non vinsero, e per loro non ci fu più posto nel cielo. Il gran dragone, il serpente antico, che è chiamato diavolo e Satana, il seduttore di tutto il mondo, fu gettato giù; fu gettato sulla terra, e con lui furono gettati anche i suoi angeli.*

I Draghi incitano le persone malvagie attraverso i loro angeli. Quando parlo di persone malvagie mi riferisco a quelli che non esitano commettere crimini efferati come omicidii e traffico di esseri umani. Gli angeli dei draghi hanno le forme di animali, come quelli che vengono menzionati nel libro del Levitico, che sono in abominio a Dio. Il male sarà rivelato in forme diverse a seconda del tipo di animale, per ogni animale ha un carattere diverso, come atrocità, astuzia, sporcizia, o promiscuità.

Lucifero opera attraverso i draghi, e gli angeli dei draghi lavorano secondo gli ordini impartiti dai draghi. Se pensiamo a questo mondo come a una nazione, Lucifero è il re, e i draghi il primo ministro o il comandante generale dell'esercito che praticano il controllo amministrativo dei ministri e dei soldati. I draghi non agiscono su ordini impartiti da Lucifero di volta in volta ma svolgono il loro lavoro secondo i pensieri che Lucifero ha piantato nella loro mente, e quindi, quando i draghi fanno qualcosa, è automaticamente in conformità con i desideri di Lucifero.

Satana ha il cuore e la potenza di Lucifero

Gli spiriti malvagi possono influenzare le persone nella misura in cui i loro cuori sono macchiati dal buio, ma i demoni o il diavolo, non hanno il potere di provocare gli uomini in prima battuta. Satana inizia a lavorare sulle persone, poi opera su di loro il diavolo e, infine, i demoni. Più semplicemente, Satana è il cuore di Lucifero. Non ha una forma sostanziale o una sua identità, funziona solo attraverso i pensieri degli uomini. Satana ha lo stesso potere delle tenebre che ha Lucifero, quello di influenzare la mente umana in modo che produca cattivi pensieri e, di conseguenza, atti malvagi.

Dal momento che Satana è un essere spirituale (Giobbe 1:6-7), opera in vari modi, secondo le caratteristiche delle tenebre che ogni individuo porta con sé. Con i bugiardi, mette in azione uno spirito ingannevole (1 Re 22:21-23). A coloro che amano provocare dissenso, che mettono le persone l'una contro l'altra, affianca uno spirito di disapprovazione (1 Giovanni 4:6). Su quelli che amano le opere sporche della carne, opera attraverso uno spirito immondo (Apocalisse 18:2).

Come già spiegato, Lucifero, i draghi e Satana hanno ruoli diversi e forme diverse, ma hanno tutti la stessa mente e lo stesso pensiero, nonché lo stesso potere di praticare il male. Consideriamo, quindi, le modalità con cui Satana opera sulle persone.

Satana è come un'onda radio che si diffonde nell'aria, trasmette la sua mente e il suo potere nell'aere costantemente. E, proprio come un'onda radio può essere ricevuta da un'antenna sintonizzata a ricevere un determinato segnale, la mente, i pensieri e la potenza delle tenebre di Satana possono essere ricevuti da coloro che sono pronti ad accettarli. L'antenna qui è la menzogna, l'oscurità che vive nel cuore degli uomini.

Ad esempio, la natura dell'odio nel cuore può agire come antenna per accettare l'onda radio di odio che si diffonde nell'aria attraverso Satana. Ecco come Satana immette il potere delle tenebre negli uomini: attraverso i loro pensieri. In pratica, non appena il segnale oscuro creato da Satana e la falsità nel cuore degli uomini hanno la stessa frequenza o intensità, ecco che si incontrano. Grazie a questo, il cuore della menzogna sarà rafforzato e diventerà attivo. Questo è quello che succede quando si sente dire che un uomo sente la voce di Satana.

La voce di Satana in questo modo, induce a commettere peccati di pensiero e, anche quelli di azione. Quando queste caratteristiche, come il male, l'odio o l'invidia, ricevono le opere di Satana, scatta anche il desiderio di danneggiare altri. Quando questo desiderio viene alimentato e si sviluppa ulteriormente, si arriva a commettere anche il peccato di omicidio.

Satana opera attraverso il varco dei pensieri

Come abbiamo visto, gli uomini si portano dentro un cuore che è un mix di verità e di falsità. Quando accettiamo Gesù Cristo e diventiamo figli di Dio, lo Spirito Santo sospinge il nostro cuore verso la verità. Questo succede quando udiamo la voce dello Spirito Santo, dall'interno del nostro cuore. Al contrario, Satana opera dall'esterno, e quindi, ha bisogno di un varco per penetrare nel cuore degli uomini. Questo passaggio è rappresentato dai pensieri.

Attraverso ciò che vedono e sentono, gli uomini apprendono, e, con i sentimenti, memorizzano tutto nella mente e nel cuore. Nel momento giusto, o quando la situazione lo richiede, questi ricordi vengono recuperati. Ciò che viene recuperato lo chiamiamo "pensiero". I pensieri variano a seconda delle sensazioni che si avevano quando sono stati memorizzati nella vostra memoria. Di fronte situazioni identiche, le persone dal cuore buono, memorizzano la verità e, di contro, sviluppano pensieri di verità, mentre quelli che hanno un cuore falso, avranno pensieri di falsità.

La maggior parte delle persone non conosce la verità, che è la Parola di Dio. Nessuno gliela insegna. Questo è il motivo per cui i loro cuori sono colmi quasi interamente di menzogna piuttosto che di verità. Satana motiva e istiga queste persone a sostenere pensieri di falsità, quelli che generalmente la Bibbia chiama "pensieri carnali". Dato che le persone ricevono le opere di

Satana, non possono obbedire alla legge di Dio. Essi sono schiavi del peccato e, infine, raggiungono la morte (Romani 6:16, 8:6-7).

In che modo Satana ottiene il controllo del cuore degli uomini?

In generale, Satana opera dall'esterno attraverso il varco dei pensieri degli uomini, ma esistono alcune eccezioni. Per esempio, la Bibbia dice che Satana entrò in Giuda Iscariota, uno dei dodici discepoli del Signore Gesù. Che Satana "entrò in lui" significa che Giuda, dopo aver continuamente accettato le opere di Satana, alla fine, gli ha dato tutto il suo cuore, tanto da esserne interamente catturato.

Giuda Iscariota aveva sperimentato la straordinaria potenza di Dio, seguiva Gesù da vicino, gli era stata insegnata la bontà direttamente dalla fonte, ma, non avendo estirpato l'avidità che era nel suo cuore, rubava i soldi di Dio dalla borsa comune degli apostoli (Giovanni 12:6).

Era avido anche nelle sue attività con il Signore tanto da cercare di ottenere grande onore e potenza quando il Messia, Gesù, avrebbe preso il trono su questa terra. La realtà, però, era ben diversa da quello che lui si aspettava, così, piano piano, a uno a uno, lasciò che i suoi pensieri fossero posseduti da Satana, finché arrivò a catturare il suo intero cuore. A quel punto, non ebbe remore a vendere il suo Maestro per trenta monete d'argento. Affermiamo che Satana è entrato in qualcuno quando prende il pieno controllo del cuore di quell'individuo.

In Atti 5:3, Pietro dice che il cuore di Anania e quello di Saffira erano pieni di Satana e, per questo, avevano nascosto per loro una parte del denaro ricavato dalla vendita del terreno, mentendo così allo Spirito Santo.

Pietro fece quest'affermazione perché, prima di questo specifico evento, c'erano state altre occasioni simili in precedenza, in quanto, l'espressione "Satana ha riempito il tuo cuore" presuppone che prima di arrivare a tanto, queste due persone avevano concesso molto spazio a lui nei loro pensieri fino a che gli aveva preso il cuore intero. Se poteste vedere Satana con gli occhi spirituali, vedreste una nebbia oscura. L'energia delle tenebre, che si presenta come un fumo nero, permane intorno a quelle persone che ricevono le opere di Satana in larga misura. Per non ricevere le opere di Satana, dobbiamo prima di tutto rifiutare ogni pensiero di falsità. Poi, estirpare da noi il cuore di falsità. Per rendere più chiara quest'azione, lasciatemi dire che significa, fondamentalmente, rimuovere l'antenna che può ricevere la "onde radio" di Satana.

Diavolo e Demoni

Il diavolo è l'insieme di quegli di angeli corrotti che si ribellarono insieme a Lucifero. A differenza di Satana, questi hanno forme ben definite. Dalle sembianze di una figura scura, hanno viso, occhi, naso, orecchie e bocca proprio come gli angeli.

Hanno anche mani e piedi. Il diavolo agisce in modo che la gente commetta peccati, portando sulla loro strada prove e difficoltà.

Questo non significa che il diavolo debba necessariamente essere dentro una persona per fare questo. Seguendo le istruzioni di Satana, il diavolo controlla le persone che hanno dato il loro cuore al buio e le induce a commettere atti malvagi e azioni inaccettabili. A volte, però, il diavolo controlla direttamente delle persone, e le usa come dei suoi strumenti. Coloro che hanno venduto la loro anima al diavolo, come gli stregoni o i maghi, sono controllati dal diavolo e vengono adoperati come dei suoi veicoli, inducendo altri ad agire malvagiamente. La Bibbia dice che coloro che commettono il peccato appartengono al diavolo (Giovanni 8:44, 1 Giovanni 3:8).

Giovanni 6:70 dice: *"Gesù rispose loro: «Non ho io scelto voi dodici? Eppure, uno di voi è un diavolo!»"* Gesù stava parlando di Giuda Iscariota, quello che lo avrebbe venduto. Una persona che diventa schiava del peccato e non ha nulla a che fare con la salvezza, è, di fatto, un figlio del diavolo. Satana entrò in Giuda e controllava il suo cuore, tanto che Giuda compì l'opera del diavolo, che era quella di vendere Gesù. Il diavolo è come un manager borghese che riceve le istruzioni di Satana e ha alle sue dipendenze molti demoni attraverso i quali provoca malattie e dolori sugli umani, inducendoli a sprofondare sempre più nel male.

Satana, il diavolo e i demoni, hanno una gerarchia. Essi collaborano strettamente. In primo luogo, Satana lavora sui pensieri degli uomini, li induce a pensare la falsità, in modo da aprirsi un varco che il diavolo può attraversare. Una volta superato il varco dei pensieri, il diavolo comincia a lavorare sulle persone per portarle a commettere le opere della carne e altre opere del diavolo. Satana opera attraverso i pensieri, ed è il lavoro del diavolo fare in modo che le persone mettano in pratica quei pensieri. Poi, quando le azioni malvagie superano un certo limite, i demoni possono entrare in queste persone. Una volta dentro, i demoni depredano le persone del loro libero arbitrio, rendendole delle vere e proprie marionette di cui loro tengono i fili.

La Bibbia implica che i demoni sono spiriti maligni, ma anche che sono diversi dagli angeli caduti o da Lucifero (Salmo 106:28, Isaia 8:19, Atti 16:16-19, 1 Corinzi 10:20). I demoni, in origine, erano degli esseri umani che avevano spirito, anima e corpo. Alcune delle persone che vivono su questa terra e muoiono senza salvezza, ritornano a questo mondo, in certe condizioni speciali, sotto forma di demoni. La maggior parte delle persone non ha un concetto chiaro riguardo il mondo degli spiriti maligni. Gli spiriti del male sono quegli esseri il cui unico scopo è cercare di strappare anche solo una persona in più e portarla sulla strada della distruzione fino all'ultimo giorno stabilito da Dio.

Per questo motivo, 1 Pietro 5:8 dice: *"Siate sobri, vegliate; il vostro avversario, il diavolo, va attorno come un leone ruggente cercando chi possa divorare"*. Anche Efesini 6:12 ribadisce: *"il nostro combattimento infatti non è contro sangue e carne, ma contro i principati, contro le potenze, contro i dominatori di questo mondo di tenebre, contro le forze spirituali della malvagità, che sono nei luoghi celesti".*

Dobbiamo stare all'erta ed essere di spirito sobrio, sempre, perché se ci lasciamo trasportare dal potere delle tenebre, di certo, cadremo nella via della morte.

Capitolo 2
L'io

Il proprio senso di giustizia si forma quando
la falsità del mondo ci viene proposta come verità.
Consolidandosi questo senso di giustizia umano ed errato,
si forma all'interno della nostra mente un quadro mentale,
una cornice di riferimento, all'interno della quale
si solidifica sistematicamente il nostro umano senso di rettitudine.

La formazione dell'io

Rettitudine personale e telaio mentale

Quando l'anima funziona nella verità

Muoio ogni giorno

Prima di accettare il Signore, combattevo la mia personale battaglia contro una malattia debilitante e l'unica forma di intrattenimento che mi era possibile consisteva nel leggere romanzi di arti marziali. La trama tipica di queste storie riguarda qualcuno che cerca – e trova – la sua vendetta.

Generalmente la sceneggiatura era questa: al personaggio principale – l'eroe del romanzo – quando era bambino, furono uccisi i genitori. Egli riesce a fuggire al massacro per mano di un servo in casa. In seguito, crescendo, incontra un maestro di arti marziali. Da adulto, il nostro eroe, diverrà anche lui un maestro di arti marziali che vendicherà i suoi genitori, uccidendo il nemico che li ha uccisi. Questi romanzi insegnano che oltre a essere un atto eroico, la vendetta è un atto giusto e di coraggio, che va ricercata anche a rischio di perdere la propria vita. Nella Bibbia, però, Gesù insegna tutt'altro.

In Matteo 5:43-45 Gesù dice: *"Voi avete udito che fu detto: 'Ama il tuo prossimo e odia il tuo nemico'. Ma io vi dico: amate i vostri nemici e pregate per quelli che vi perseguitano, affinché siate figli del Padre vostro che è nei cieli; poiché egli fa levare il suo sole sopra i malvagi e sopra i buoni, e fa*

131

piovere sui giusti e sugli ingiusti".

La vita che avevo vissuto era stata buona e onesta. La maggior parte delle persone avrebbe detto che io ero il tipo di persona che "non aveva bisogno della legge". Tuttavia, dopo aver accettato il Signore, iniziai a riflettere e, nel vedermi attraverso la Parola di Dio predicata in una riunione di risveglio, compresi che nella mia vita c'erano un sacco di cose sbagliate. Mi vergognavo molto di me stesso, perché mi resi conto che il mio linguaggio, i miei comportamenti, i miei pensieri, e anche la mia coscienza, erano tutti sbagliati. Mi pentii accuratamente perché compresi che avevo vissuto una vita che non era affatto retta di fronte a Dio.

Da allora mi sono impegnato a demolire la mia giustizia personale e le mie limitate cornici mentali. Ho rinnegato il mio 'io' precedente la salvezza, ritenendolo inutile. Leggendo la Bibbia ho ritrovato un nuovo "io", un "io" secondo verità. Ho digiunato e pregato senza smettere finché non ho estirpato la menzogna dal mio cuore. Come risultato, ho potuto sentire che la mia cattiveria veniva cacciata e ho cominciato a sentire la voce e a ricevere la guida dello Spirito Santo.

La formazione dell'io

Come si forma il cuore e come stabilisce i valori che lo guidano? In primo luogo alcuni fattori sono ereditari. I figli assomigliano ai genitori, ne ereditano le apparenze, le abitudini, la personalità e tante altre caratteristiche genetiche. In Corea, un detto popolare dice che i figli ricevono "il sangue" dai genitori, anche se non è davvero il sangue, ma l'energia vitale, o il "chi". Il "chi" è il cristalloide di tutta l'energia proveniente dal corpo. Conosco una famiglia in cui il figlio ha una grande voglia sopra le labbra. Sua madre aveva lo stesso tipo di voglia nello stesso identico punto, solo che l'aveva rimossa chirurgicamente. Anche se l'aveva asportata e ora non era più visibile, l'ha tramandata a suo figlio.

Lo sperma e gli ovuli degli esseri umani contengono la loro energia vitale, non solo le apparenze esteriori, ma anche la personalità, il temperamento, l'intelligenza, e le abitudini. Se il "chi" del padre è più forte al momento del concepimento, il bambino sarà più simile a lui. Se è il "chi" della madre a prevalere, allora il bambino sarà simile al lei. Questo rende il cuore di ogni bambino diverso.

Inoltre, crescendo e maturando, un individuo impara molte cose, e anche tutto ciò che apprende diventa parte di quello che è il suo cuore. A partire dai cinque anni, all'incirca, l'io inizia a formarsi, attraverso le cose che il bimbo vede, sente e impara. Intorno ai 12 anni si consolidano i valori che definiranno gli standard attraverso cui l'individuo esprimerà i suoi giudizi. Verso i 18 anni, l'io si consolida. Il problema principale di noi esseri umani è che consideriamo come "vere" molte cose che sono "false".

Sono molte le cose non vere che impariamo in questo mondo. Naturalmente a scuola impariamo molte cose che sono utili e necessarie per la nostra vita, ma anche altre che sono lontanissime dalla verità, come ad esempio l'evoluzionismo darwiniano. A volte sono gli stessi genitori che insegnano ai loro figli menzogne spacciandole per verità. Supponiamo che un bambino sia stato picchiato da un altro bambino o da più bambini. In preda alla frustrazione un genitore potrebbe dire qualcosa del tipo: "Ti do da mangiare tre volte al giorno, proprio come gli altri bambini, dovresti essere forte, perché ti sei fatto picchiare? Se qualcuno ti da un pugno, tu rispondi con due! Non hai mani e piedi anche tu, proprio come tutti gli altri bambini? Devi imparare a prenderti cura di te!"

Se i bambini vengono trattati in maniera umiliante, nel caso in cui vengano picchiati dai loro amici, che tipo di coscienza svilupperanno? È probabile che si sentiranno stupidi, sciocchi, e, se ricevono un pugno penseranno di avere il diritto di rispondere con due. In altre parole, consolidano un pensiero di malvagità pensando che sia corretto, giusto.

Come possono i genitori insegnare la verità ai figli? In questo caso, studiando la situazione e insegnando loro con bontà e verità, in modo che possano avere pace, dicendo qualcosa come: "Tesoro, perché non cerchi di capirli? Sei certo di non aver fatto tu qualcosa di sbagliato?" Dio ci dice di vincere il male con il bene.

Se ai bambini insegnate la Parola di Dio in ogni situazione, saranno in grado di sviluppare una coscienza corretta. Nella maggior parte dei casi, purtroppo, i genitori insegnano ai loro figli falsità e bugie. Se i genitori dicono bugie, lo faranno anche i loro figli. Supponiamo che squilli il telefono e la figlia risponda. La bambina dice al papà: "È zio Tommaso, ti vuole parlare", e il padre risponda: "Non mi va di parlargli, digli che non sono a casa" e lei, dice allo zio che il papà non è in casa. Se questa situazione si ripete molte volte, la figlia imparerà a mentire con naturalezza, pensando che sia un comportamento accettabile e non scorretto.

Crescendo, le persone vengono istruite alla falsità invece che alla verità. Non solo. Sviluppano dei valori distorti e li usano come standard per esprimere giudizio e condanna attraverso i propri sentimenti. In questo modo avrete formato un adulto dalla coscienza falsa.

La maggior parte delle persone è egocentrica, persegue solo ed esclusivamente il proprio vantaggio, e, pensa sempre di aver ragione. Se le intenzioni o le idee di qualcun altro non sono conformi alle loro, di certo, pensano, sono sbagliate. Siccome tutti assumono di avere sempre ragione, è davvero difficile trovare un accordo tra umani, e questo vale anche tra familiari o amici. Ecco come la maggior parte delle persone forma il proprio io.

Rettitudine personale e telaio mentale

Come abbiamo visto, la maggior parte degli esseri umani forma il proprio standard di giudizi e di valori attraverso funzioni dell'anima sbagliate. Di conseguenza, vivono nella loro ipocrisia, incastrati nel loro umano senso di giustizia, formatosi anche questo nella falsità ma considerato come la verità. In questo circolo vizioso fatto di valori alterati, di standard falsati e verità ignorate, tutti tentano di far valere le proprie ragioni certi di essere nel giusto.

Quando questo senso di giustizia personale e umano si consolida, diventa un telaio, una cornice, in altre parole, una struttura attraverso la quale passa il proprio senso di giustizia. Questi telai sono realizzati sulla base di personalità, sapori, costumi, teorie e pensieri di ciascun individuo. Nel corso degli anni, si sviluppa la tendenza a filtrare anche le persone secondo il parametro dei nostri valori, ad essere più cortesi e ad accettare i simili e a essere meno tolleranti verso quelli che non sono d'accordo con noi. Tutto questo, forma il telaio di valori personale all'interno del quale ci muoviamo e decidiamo.

Questo tipo di struttura è facilmente rilevabile nella vita quotidiana. Una coppia sposata da poco può avere dispute su cose banali. Il marito pensa che sia giusto spremere il dentifricio dal fondo, mentre la moglie stringe semplicemente da qualsiasi punto del tubo. Se ognuno insiste sul proprio modo di interpretare questa situazione, ben presto arriveranno ad avere un conflitto. Il conflitto non è causato dalla discussione in corso piuttosto che dalle abitudini di ognuno, ma dal telaio di riferimento all'interno del quale ognuno regola la propria vita.

Supponiamo che ci sia un dipendente di una società che fa tutto il lavoro da solo, senza ricevere l'aiuto di nessuno. Alcune persone hanno l'abitudine di fare tutto da soli perché sono stati cresciuti in ambienti difficili e hanno sempre dovuto lavorare da soli. Non è perché sono arroganti. Se si giudica questa persona definendola arrogante o egoista, ecco che avrete un giudizio improprio.

Nella maggior parte dei casi, sia il proprio personale senso di giustizia che il proprio telaio di riferimento, sono difettosi. La colpa di questo trova la sua origine nel cuore di falsità che non serve gli altri e cerca solo vantaggi personali. Anche i credenti sono ipocriti e si muovono all'interno dei propri limiti, solo che spesso negano che sia così.

Pensano di ascoltare la Parola di Dio, che in una certa misura si sono liberati dal peccato e sono sicuri di conoscere tutta la verità. Proprio attraverso quest'attitudine mostrano la loro auto-giustizia. Esprimono il loro giudizio su come gli altri conducono la loro vita di fede, pensando di essere migliori, notano solo i difetti dei fratelli, invece che vederne i lati positivi, e, insistono testardamente sulle proprie opinioni, asserendo che devono fare così, perché: "...lo sto facendo per il regno di Dio!"

Alcune persone parlano come se sapessero tutto, come se fossero i guardiani della giustizia, evidenziano sempre le mancanze degli altri, esprimono giudizi affilati su tutti. Questo significa che non riescono a vedere i loro errori, ma solo quelli del prossimo.

Prima di essere trasformati dalla verità, abbiamo tutti un personale senso di giustizia e ci muoviamo all'interno del telaio di valori che abbiamo sviluppato nel corso degli anni. In proporzione al male presente nel nostro cuore, la nostra anima opererà o falsamente o in verità. Come risultato delle azioni legate alla falsità, avremo giudizio e condanna sugli altri, ma per consentire la nostra crescita spirituale, dobbiamo considerare tutti i nostri pensieri e tutte le nostre teorie come se fossero niente. Dobbiamo distruggere la nostra ipocrisia, il nostro senso di giustizia e il telaio di valori che ci siamo costruiti per lasciare spazio alla verità. Solo così la nostra anima apparterrà alla verità.

Quando l'anima funziona nella verità

La nostra crescita spirituale avrà inizio e saremo trasformati in veri figli di Dio quando la nostra anima inizierà a operare a partire dalla verità e non dalla falsità. Ma questo, come si fa?

Per prima cosa dobbiamo essere esigenti e distinguere ogni cosa seguendo lo standard della verità.

Le persone hanno coscienze diverse e i loro standard variano in ogni nazione, secondo il periodo in cui uno è nato, della posizione sociale e della cultura in generale. Anche se pensate di aver agito nel modo giusto, potreste essere considerati scorretti da chi ha valori diversi dai vostri.

Gli esseri umani formano i propri valori di riferimento e ciò che considerano accettabile, in ambienti e culture diverse, e quindi non dobbiamo giudicare gli altri con i nostri standard. L'unico modello definitivo con il quale siamo in grado di discernere il giusto dallo sbagliato e la verità dalla menzogna è la Parola di Dio, che è l'unica verità.

Tra le cose che gli uomini del mondo considerano giusto e corretto, ce ne sono alcune in accordo con la Bibbia, ma anche molte altre che non lo sono. Supponiamo che uno dei tuoi amici abbia commesso un crimine, ma un'altra persona sia stata ingiustamente accusata per questo. In questo caso, la maggior parte delle persone potrebbe pensare che sia giusto non rivelare il crimine del tuo amico. Se tacete, pur conoscendo l'innocenza di chi è stato ingiustamente accusato, la vostra azione non potrà mai essere considerata giusta agli occhi di Dio.

Prima di credere in Dio, quando visitavo la casa di qualcuno intorno all'ora di pranzo, se mi chiedevano se avevo già mangiato, rispondevo: "Sì, ho già mangiato". Non ho mai pensato che non fosse giusto, perché, mi dicevo, questo mette l'altra persona a suo agio. Ma, in senso spirituale, può essere un difetto agli occhi di Dio, perché non è vero, anche se non è un peccato. Dopo aver compreso ciò, ho usato altre espressioni come: "Non ho mangiato, grazie, ma non voglio in questo momento".

Per discernere la verità, dobbiamo ascoltare, imparare e serbare la Parola di verità nei nostri cuori. Occorre anche sbarazzarsi dei valori sbagliati che si sono formati in noi. Non importa quanto una cosa sia considerata saggia in questo mondo, se è contro la Parola di Dio, ce ne dobbiamo liberare.

In secondo luogo, per fare sì che la nostra anima funzioni attraverso la verità, i nostri sentimenti e le nostre emozioni devono essere secondo verità.

Il modo in cui lasciamo che le cose entrano in noi gioca un ruolo fondamentale quando si cerca di agire secondo verità. Una volta ho visto una madre che stava rimproverando il figlio dicendo: "Se fai così il pastore ti sgrida!" In questo modo lei sta creando nel bambino il pensiero che il pastore è una persona terribile. Il bambino, così, quando vede il pastore si intimorisce, piuttosto che stargli vicino.

Molto tempo fa, ho visto la scena di un film. Una ragazza e un elefante erano amici e l'elefante spesso le avvolgeva il tronco con la proboscide, quasi per abbracciarla. Un giorno, mentre la ragazza dormiva, un serpente velenoso le avvolse il collo. Se la ragazza avesse saputo che ciò che la stava abbracciando era un serpente velenoso, avrebbe provato paura e terrore. Siccome aveva gli occhi chiusi perché stava dormendo, pensò che fosse la proboscide del suo amico e continuò a dormire. In questo modo rimase immobile, senza spaventarsi e il serpente se ne andò. Ecco, i sentimenti dipendono dai pensieri.

I sentimenti variano secondo come pensiamo. Un esempio molto pratico lo possiamo considerare analizzando il comportamento di chi si sente disgustato da larve, vermi, o dai centopiedi, ma che apprezza di gran gusto il delizioso sapore del pollo, senza considerare che i polli si cibano proprio di queste cose. Ecco, è chiaro che i sentimenti verso qualcosa dipendono dai nostri pensieri. Non importa che tipo di persona incontriamo o che tipo di lavoro facciamo, occorre che i nostri pensieri siano buoni.

Per pensare e provare dei buoni sentimenti, dobbiamo vedere, sentire e introdurre in noi solo cose buone, soprattutto oggigiorno, che i mass media e internet ci danno l'accesso a qualsiasi cosa. Oggi più che mai nella storia del genere umano, prevalgono e dilagano il male, la crudeltà, la violenza, l'inganno, l'egocentrismo, l'astuzia e il tradimento. Per mantenerci nella verità, è meglio per noi non vedere, sentire, o introdurre nella nostra mente queste cose, per quanto ci è possibile. Tuttavia, anche se dobbiamo affrontare queste cose, possiamo farlo in verità e bontà. Vi starete chiedendo "ma come?"

Per esempio, coloro che hanno ascoltato storie spaventose di demoni o vampiri in giovane età da adulti provano paura quando si parla di questo argomento, in particolare, se stanno da soli al buio dopo aver visto un film horror. Rabbrividiscono e si terrorizzano al minimo rumore e trovano ogni ombra inquietante. Se sono soli, il più piccolo movimento può spaventarli a tal punto da farli andare in shock dalla paura.

Se viviamo nella luce, però, Dio non solo ci protegge e gli spiriti del male non ci possono toccare, ma ci temono e tremano alla vista della luce spirituale che noi emaniamo. Se comprendiamo questo fatto, possiamo cambiare i nostri sentimenti. Sappiamo dal cuore che gli spiriti maligni non sono esseri di cui noi dobbiamo temere, così anche i nostri sentimenti cambiano e smettiamo di avere paura. Dal momento che siamo in grado di sottomettere il mondo delle tenebre, anche se i demoni appaiono, possiamo semplicemente cacciarli via nel

141

nome di Gesù Cristo.

Prendiamo in considerazione un caso in cui delle persone conservano sentimenti impropri. Ero in pellegrinaggio con alcuni membri della nostra chiesa, circa 20 anni fa. Eravamo in Grecia e stavamo visitando uno stadio, quando, a un certo punto, ci troviamo di fronte alla statua di un uomo nudo. La targa sulla scultura incoraggiava l'esercizio e lo sport, perché le persone sane sono il fondamento di una nazione sana. In questo contesto ho potuto vedere la differenza tra i turisti provenienti da altri paesi europei e i nostri membri di chiesa.

Alcune sorelle della nostra chiesa si facevano foto davanti alla statua senza problemi, come avrebbero fatto davanti a un qualsiasi altro monumento. Altre, invece, arrossivano evitando la statua come se avessero visto qualcosa che non avrebbe dovuto vedere. Arrossivano davanti a questa scultura a motivo delle loro menti adultere. Avendo una sensazione errata circa la nudità, in loro nasceva una sensazione errata alla vista della statua che rappresentava un uomo nudo. È possibile che queste persone, oltretutto, abbiano espresso un giudizio negativo su quelli che stavano vicino la statua o si facevano le foto ricordo in quel contesto, come i turisti europei, che non sembravano avere alcun imbarazzo, che guardavano la scultura apprezzandone l'arte eccellente.

In questo caso, nessuno dovrebbe giudicare i turisti europei additandoli come uomini e donne privi di vergogna. Se comprendiamo le diverse culture e trasformiamo i sentimenti di falsità in sentimenti di verità, non c'è bisogno di sentirsi in imbarazzo o di vergognarsi. Adamo viveva nella sua nudità, quando non era a conoscenza della carne, perché non aveva una mente adultera. La vita vissuta in questo modo è veramente molto più bella.

In terzo luogo, perché la nostra anima funzioni nella verità non dobbiamo vedere e accettare le cose solo dal nostro punto di vista, ma anche dal punto di vista degli.

Se si assumono le cose, le esperienze, il modo di pensare e le situazioni, filtrandole solo attraverso il proprio punto di vista, potete starne certi, la vostra anima funzionerà nella falsità. Questo perché, per dare adito ai vostri pensieri, probabilmente dovrete aggiungere o sminuire le parole degli altri, e ciò porta a fraintendere, giudicare, condannare, dando vita a cattivi sentimenti.

Supponiamo che una certa persona che si sia infortunata in un incidente, si lamenti dei dolori acuti che sente in tutto il corpo. Quelli che non hanno mai sperimentato un dolore simile, o quei pochi che hanno una grande tolleranza verso il dolore in generale, potrebbero pensare che l'individuo in questione stia facendo un polverone su una questione minore. Se accettiamo le parole degli altri unicamente sulla base del nostro punto di vista e delle nostre esperienze, la nostra anima agirà partendo da presupposti falsati. Se, invece, iniziate a tentare di capire i punti di vista degli altri e le loro situazioni, ne coglierete anche, come in questo caso, l'entità del dolore.

Quando riuscirete a capire gli altri, attraverso i loro punti di vista, sarete capaci di accettarli e resterete in pace con tutti, non odierete nessuno, non avrete sentimenti disturbanti. Anche se un'altra persona vi dovesse causare lesioni o difficoltà, se riuscirete a mettervi nei suoi panni, ne avrete misericordia. Se conoscete l'amore di Gesù, che è stato crocifisso per noi, e la grazia di Dio, potete amare anche i vostri nemici. Come Stefano, che mentre veniva lapidato a morte senza colpa, non odiava coloro che lo lapidavano, ma pregava per loro.

A volte, però, si può scoprire che operare nella verità non è semplice, ecco perché dobbiamo sempre stare all'erta, attenti alle nostre parole e azioni, cercando il più possibile modificare il modo in cui l'anima nostra opera, eliminando ciò che appartiene alla falsità. Possiamo far funzionare l'anima nostra in verità, con la grazia e la forza di Dio e con l'aiuto dello Spirito Santo, mentre preghiamo e continuiamo a provare.

Muoio ogni giorno

L'apostolo Paolo era il più feroce tra quelli che perseguitavano i cristiani, perché il telaio dei suoi pensieri era molto solido e si fondava sull'ipocrisia. Dopo aver incontrato il Signore, comprese la sua auto-giustizia e il quadro mentale errato su cui si fondavano le sue azioni. Paolo si umiliò al punto tale da considerare tutto quello che aveva, che possedeva, e aveva posseduto, come spazzatura. In un primo momento lottò nel suo cuore, poi si rese conto che il male era così presente in lui tanto da fargli fare il male nonostante volesse compiere il bene (Romani 7:24).

Resosi conto di ciò, l'apostolo fece una professione di ringraziamento, credendo fermamente che la legge della vita e dello Spirito Santo in Cristo Gesù lo aveva liberato dalla legge del peccato e della morte. In Romani 7:25, disse: *"Grazie siano rese a Dio per mezzo di Gesù Cristo, nostro Signore. Così dunque, io con la mente servo la legge di Dio, ma con la carne la legge del peccato"*, e in 1 Corinzi 15:31: *"Ogni giorno sono esposto alla morte; sì, fratelli, com'è vero che siete il mio vanto, in Cristo Gesù, nostro Signore"*.

Egli disse: "Ogni giorno sono esposto alla morte", e questo significa che circoncideva il suo cuore su base quotidiana, vale a dire, si era liberato della menzogna in lui, dell'orgoglio, dell'arroganza, dell'odio, del giudizio, della rabbia, e dell'avidità. Nel dichiarare tutto questo, egli aveva rigettato ogni elemento di inimicizia con Dio, lottandovi contro fino al punto di versare sangue. Dio gli ha dato la grazia e la forza, e con l'aiuto dello Spirito Santo, Paolo fu trasformato e divenne un uomo di spirito, la cui anima operava esclusivamente nella verità. Alla fine diventò un apostolo potente, che operava molti segni e prodigi, grazie al quale il Vangelo si diffuse largamente.

Capitolo 3

Le cose della carne

Alcune persone commettono peccati come invidia, gelosia,
giudizio, condanna e adulterio, nella loro mente.
Sono peccati che non vengono visualizzati esternamente,
ma questo non toglie il fatto che vengano commessi.
Infatti, hanno in sé gli attributi peccaminosi tipici del peccato.

La carne e le azioni del corpo

Il significato dell'affermazione "La carne è debole"

Cose della carne: i peccati commessi nella mente

La concupiscenza della carne

La concupiscenza degli occhi

L'orgoglio vanaglorioso della vita

Per coloro il cui spirito è morto, l'anima padroneggia sul corpo. Supponiamo che avete sete, volete bere qualcosa. L'anima comanderà alle mani di prendere il bicchiere e portarlo alla bocca. Se in questo momento, qualcuno vi lancia degli insulti e vi arrabbiate, probabilmente avrete voglia di spaccare il bicchiere. Che tipo di operazione dell'anima è questa?

Questo accade quando Satana incita l'anima che appartiene alla carne. Gli uomini ricevono e trattengono in loro le opere del diavolo, di Satana, del nemico, nella proporzione in cui abita in loro la falsità. Se accettano le opere di Satana, pensano "pensieri di falsità", se accettano le opere del diavolo, mostrano azioni di falsità.

Il pensiero di rompere il bicchiere dalla rabbia è suggerito da Satana, ma, se si va avanti e si spacca il bicchiere a terra, in realtà, quella è opera del diavolo. Chiamiamo il pensiero "le cose della carne" e l'azione "le opere della carne". Il motivo per cui l'anima opera e funziona nella menzogna è a causa della natura peccaminosa piantata e innestata nel corpo degli uomini dal diavolo, da Satana, dal nemico, dopo la caduta di Adamo.

La carne e le azioni del corpo

Romani 8:13 dice: *"...perché se vivete secondo la carne voi morrete; ma se mediante lo Spirito fate morire le opere del corpo, voi vivrete...".*

In questo passaggio, "morrete", significa affrontare la morte eterna, che è l'inferno, ecco perché "carne" non è in riferimento unicamente al nostro corpo fisico, ma anche un'accezione spirituale.

Inoltre, dice che se faremo morire le opere del corpo, noi vivremo. Vuol dire che dobbiamo eliminare le funzioni del corpo, come sedersi, sdraiarsi, mangiare e così via? Certo che no! Ecco, il "corpo" in questo passaggio è l'involucro, il contenitore da cui la conoscenza dello spirito che Dio diede agli uomini è fuoriuscita. Per comprendere i significati e tutte le implicazioni spirituali di questo dobbiamo capire che tipo di essere era veramente Adamo.

Quando Adamo esisteva come spirito vivente, il suo corpo era prezioso, imperituro, splendente, bello, e spirituale, non aveva età e non poteva né morire né guastarsi. I suoi modi erano molto più dignitosi di qualsiasi nobile abbia vissuto su questa terra. Ma, dal momento che il peccato è entrato in lui, come conseguenza, il suo organismo è diventato un corpo indegno, in nulla diverso da quello degli animali.

Lasciate che vi dia un'allegoria. Potete paragonare il nostro corpo a una tazza ricolma di un certo tipo di liquido. Il valore della tazza varia secondo il tipo di liquido che contiene. Lo stesso successe con il corpo di Adamo.

In qualità di spirito vivente, Adamo possedeva solo la conoscenza della verità, come l'amore, la bontà, la giustizia, e la luce di Dio. Tutti donati a lui da Dio. Quando il suo spirito morì, la conoscenza della verità scivolò via da lui, e, il posto lasciato vuoto dalla verità, fu riempito dalle cose carnali per mano del diavolo, di Satana e del nemico. L'uomo cambiò, seguendo le falsità che ormai erano parte di lui. È scritto: "...ma se mediante lo Spirito fate morire le opere del corpo, voi vivrete...", dove, le "opere del corpo" è un riferimento alle azioni che provengono dal corpo, combinate con la falsità.

Per esempio, ci sono persone che alzano i pugni, sbattono le porte o mostrano altri comportamenti agitati quando si arrabbiano. Alcune persone, poi, esibiscono un linguaggio volgare, altri ancora guardano il sesso opposto con lussuria mentre ci sono pure quelli che non possono fare a meno di assumere un atteggiamento osceno.

Le "opere del corpo" non sono solo i peccati commessi in modo evidente, ma anche tutte le altre azioni che non sono perfette al cospetto di Dio. Ci sono atteggiamenti che possono sembrare banali, ma che non sono altro che il corpo che reagisce alla falsità che ha dentro. Ad esempio, quando alcune persone parlano puntando il dito contro persone o cose, quando alzano la voce nel parlare normalmente, al punto che sembra che stiano avendo una discussione.

La Bibbia fa un uso frequente della parola "carne". In alcuni passaggi, come in Giovanni 1:14, il termine "carne" è utilizzato nella sua accezione letterale: *"E la Parola è diventata carne e ha abitato per un tempo fra di noi, piena di grazia e di verità; e noi abbiamo contemplato la sua gloria, gloria come di unigenito dal Padre"*, anche se, più frequentemente, è utilizzato nel significato spirituale.

Romani 8:5 dice: *"Infatti quelli che sono secondo la carne, pensano alle cose della carne; invece quelli che sono secondo lo Spirito, pensano alle cose dello Spirito"*; e ancora, Romani 8:8 dice: *"...e quelli che sono nella carne non possono piacere a Dio"*.

Ecco, "carne" è usato in senso spirituale, facendo riferimento alle natura peccaminosa in combinazione con le azioni del corpo umano. Per carne si intende l'insieme della natura peccaminosa e il corpo da cui la conoscenza della verità è trapelata. Il diavolo, Satana, il nemico, ha impiantato negli uomini la natura peccaminosa che si è integrata con il loro corpo. Sebbene non siano immediatamente visualizzabili come azioni, questi attributi sono dentro gli uomini e possono venire fuori come azioni in qualsiasi momento.

Quando parliamo degli attributi della carne, come odio, invidia, gelosia, menzogna, astuzia, arroganza, rabbia, giudizio, condanna, adulterio e avidità, diciamo che sono "le cose della carne". Ognuno di questi è "una cosa della carne".

Il significato dell'affermazione "La carne è debole"

Quando Gesù pregava nel Getsemani, i discepoli dormivano. Gesù disse a Pietro: *"Vegliate e pregate, affinché non cadiate in tentazione; lo spirito è pronto, ma la carne è debole"* (Matteo 26:41). Questo non significa che i corpi dei discepoli erano deboli. Pietro aveva una costituzione robusta, era un pescatore. Allora, che cosa intendeva per "la carne è debole"?

Che, non avendo Pietro ancora ricevuto lo Spirito Santo, era un uomo di carne, che non si era ancora liberato completamente del peccato e che, quindi, non coltivava un organismo appartenente allo spirito. Quando un uomo getta via i peccati e agisce nello spirito, vale a dire quando diventa un uomo di spirito e un uomo di verità, la sua anima e il suo corpo sono governati dal suo spirito. Pertanto, anche se il corpo è molto stanco, se si vuole veramente restare svegli, si può anche evitare di addormentarsi.

Al tempo in cui Gesù era nel Getsemani, Pietro non era ancora un uomo di spirito, e, quindi, non poteva controllare gli attributi carnali che lo facevano addormentare, come la stanchezza o la pigrizia. Anche se avesse voluto rimanere sveglio non avrebbe potuto, perché era relegato all'interno dei suoi limiti fisici. Quando si vive all'interno di tali limiti significa che la carne è debole.

Dopo la risurrezione e l'ascensione di Gesù, Pietro ricevette lo Spirito Santo. Ora, non solo controllava i suoi attributi carnali, ma guariva i malati e, persino, resuscitava i morti. Egli diffuse il Vangelo con una fede e un coraggio così forti tanto da non aver paura di essere crocifisso a testa in giù.

Gesù ha divulgato il vangelo del regno di Dio, guarendo il popolo giorno e notte, anche se spesso non aveva dormito o non si era cibato adeguatamente, ma, poiché il suo spirito controllava il suo corpo, anche in condizioni di estrema stanchezza, Egli non smetteva di pregare, tanto che il suo sudore diventò come gocce di sangue che cadevano a terra. Gesù non aveva né il peccato originale né aveva commesso alcun peccato. Di conseguenza, controllava il suo corpo attraverso lo spirito.

Alcuni credenti commettono peccati e si nascondo dietro delle banali scuse, affermando: "La mia carne è debole...". Dicono così perché non conoscono il significato spirituale di questa espressione. Dobbiamo capire che Gesù, versando il suo sangue sulla Croce, ci ha riscattati non solo dai nostri peccati, ma anche dalle nostre debolezze. Siamo in grado di essere sani nello spirito e nel corpo e fare cose che vanno al di là dei limiti umani, se solo abbiamo la fede e obbediamo alla Parola di Dio. Non solo, abbiamo l'aiuto dello Spirito Santo, e quindi non dobbiamo dire che non possiamo pregare o non avevamo altra scelta che commettere peccati, perché la nostra carne è debole.

Cose della carne: i peccati commessi nella mente

Se gli uomini dipendono dalla carne, vale a dire se la natura peccaminosa si combina con il loro corpo, commettono peccati non solo nella mente ma anche nelle azioni. Se hanno gli attributi di falsità imbroglieranno il prossimo non appena la situazione si presenterà. Se commettono il peccato nel cuore e non nelle azioni, allora è una "cosa della carne".

Supponiamo di vedere dei bellissimi gioielli di proprietà di un vicino. Se anche solo prendete in considerazione la possibilità di volerli rubare, allora avete già peccato con il cuore. La maggior parte delle persone non considerano questo come un peccato. Ma Dio, che studia il cuore, e anche il diavolo, il nemico e Satana, non aspetta altro che trovare questo tipo di cuore, in modo da accusare quel tale di peccato, di una "cosa della carne".

In Matteo 5:28 Gesù disse: *"Ma io vi dico che chiunque guarda una donna per desiderarla, ha già commesso adulterio con lei nel suo cuore"*. In 1 Giovanni 3:15 dice: *"Chiunque odia suo fratello è omicida; e voi sapete che nessun omicida possiede in se stesso la vita eterna"*. Se si commettono peccati nel cuore, si gettano le basi per commettere, di fatto, delle azioni peccaminose.

Puoi avere un sorriso sul tuo viso e far finta di amare qualcuno anche se lo odi e vorresti fargli del male. Se succede qualcosa di intollerabile, la tua rabbia potrebbe esplodere fino a litigare, fino ad arrivare a colpire quella persona. Ma se ti liberi della tua natura peccaminosa, e quindi anche dell'odio, non potrai mai odiare quella persona, anche se ti crea difficoltà.

Come scritto in Romani 8:13 *"...perché se vivete secondo la carne voi morrete; ma se mediante lo Spirito fate morire le opere del corpo, voi vivrete..."*, a meno che non vi liberiate delle cose della carne vi troverete a mettere in atto le opere della carne. Tuttavia, la Scrittura dice anche: *"...ma se mediante lo Spirito fate morire le opere del corpo, voi vivrete"*. Quindi, è possibile compiere azioni pie e sante quando vi liberate delle cose della carne, una a una. Ora, come eliminare rapidamente le cose e le opere della carne?

Romani 13:13-14 dice: *"Comportiamoci onestamente, come in pieno giorno, senza gozzoviglie e ubriachezze; senza immoralità e dissolutezza; senza contese e gelosie; ma rivestitevi del Signore Gesù Cristo e non abbiate cura della carne per soddisfarne i desideri"* e in 1 Giovanni 2:15-16 dice: *"Non amate il mondo né le cose che sono nel mondo. Se uno ama il mondo, l'amore del Padre non è in lui. Perché tutto ciò che è nel mondo, la concupiscenza della carne, la concupiscenza degli occhi e la superbia della vita, non viene dal Padre, ma dal mondo."*

Da questi versi, ci si rende conto che tutte le cose del mondo sono causate dalla concupiscenza della carne, dalla concupiscenza degli occhi e dalla superbia vanagloriosa della vita. La lussuria è la fonte di energia che spinge gli uomini a cercare e accettare la carne deperibile, si tratta di una forza che fa amare le cose di questo mondo.

Torniamo ora per una attimo al momento n cui Eva fu tentata dal serpente, come descritto da Genesi 3:6: *"La donna osservò che l'albero era buono per nutrirsi, che era bello da vedere e che l'albero era desiderabile per acquistare conoscenza; prese del frutto, ne mangiò e ne diede anche a suo marito, che era con lei, ed egli ne mangiò".*

Il serpente disse a Eva che poteva diventare come Dio. Nell'attimo in cui Eva accolse questa parola, la natura peccaminosa entrò in lei e si stabilì nel suo corpo. Sopraggiunse la concupiscenza della carne e il frutto le sembrò buono da mangiare. Arrivò la concupiscenza degli occhi e il frutto le parve una delizia da guardare. Infine, arrivò l'orgoglio vanaglorioso della vita e il frutto le sembrò desiderabile per diventare intelligente. Eva accettò che tale desiderio le crescesse dentro, finché volle mangiare il frutto e, infine, ne mangiò. Prima di allora, non le era mai passato per la testa di disobbedire alla Parola di Dio, non ne aveva mai avuto intenzione, ma, siccome il suo desiderio fu motivato dalla concupiscenza, il frutto le parve buono e bello. Desiderò diventare come Dio, e, infine, disobbedì al Signore.

La concupiscenza della carne, la concupiscenza degli occhi e la superbia vanagloriosa della vita, ci fanno sentire a nostro agio con il peccato, falsano la visione tanto che pensiamo e sentiamo che i peccati e il male sono il bene, finché le cose della carne prendono il sopravvento e diventano azioni. Pertanto, per eliminare da noi le azioni e le cose della carne, occorre prima estirpare questi tre tipi di desideri. Poi possiamo iniziare a liberarci della carne che è nel nostro cuore.

Se Eva avesse saputo cge grande dolore stava per causare mangiando il frutto, non avrebbe pensato che fosse buono da mangiare o piacevole per gli occhi. Piuttosto avrebbe aborrito anche solo di toccarlo o guardarlo, per non parlare di mangiarlo. Allo stesso modo, se ci rendiamo conto del grande dolore che comporta l'amore per il mondo e di ciò che ci causerà, che porta al castigo dell'Inferno, sicuramente non ameremo il mondo. Una volta che ci rendiamo conto di quanto prive di valore sono tutte le cose del mondo e che sono tutte macchiate di peccato, diverrà relativamente semplice liberarvi dei vostri desideri carnali. Adesso vorrei approfondire questo argomento.

La concupiscenza della carne

Concupiscenza della carne è la natura che segue la carne e commette peccati. L'odio, la rabbia, il desiderio egoistico, il desiderio sensuale, l'invidia e l'orgoglio, sono tutte caratteristiche che agitano e risvegliano la concupiscenza della carne. Quando ci imbattiamo in una situazione in cui la natura peccaminosa viene solleticata, gli interessi e la curiosità della concupiscenza prendono vita. Questo ci porta a percepire il peccato come qualcosa di buono e di bello. A questo punto le cose della carne si rivelano e si sviluppano in opere della carne.

Ad esempio, supponiamo che un nuovo credente decida di smettere di bere, ma abbia ancora voglia di alcolici, che è una cosa della carne. Se va in un bar o in un luogo dove le persone assumono alcool, la concupiscenza della carne sarà stimolata a sorseggiare qualcosa di alcolico. Questo fa scattare il desiderio, inducendolo a bere alcolici e a ubriacarsi.

Vi faccio un altro esempio. Se abbiamo la tendenza a giudicare e a condannare il prossimo, saremo sempre tentati di conoscere cosa si vocifera, su tutti quelli che conosciamo. Magari ci parrà divertente ascoltare e diffondere voci e parlare di altre persone. Se oltre a questo coviamo della rabbia dentro, se c'è qualcosa che non va nella nostra situazione di quel momento, non avremo remore a prendercela con qualcuno, anzi, questo ci farà sentire molto meglio. Se invece cerchiamo di controllare noi stessi e di non seguire le caratteristiche della carne, come quella di arrabbiarci, troveremo queste azioni insopportabili e anche dolorose. Se abbiamo un carattere fiero, nel nostro orgoglio potrebbe annidarsi la vanagloria, e cercheremo di imporci agli altri. Se abbiamo il desiderio di essere ricchi, ad esempio, cercheremo di ottenere la ricchezza anche a danno e a spese di altre persone, causando sofferenza al nostro prossimo. La concupiscenza della carne, poi, incrementa con l'aumentare dei peccati che vengono commessi.

Però, anche una persona che è un nuovo credente, la cui fede è debole, se prega con fervore, riceve la grazia della comunione, ed è pieno di Spirito Santo, la concupiscenza della carne non verrà stimolata con tanta facilità. Anche se la concupiscenza della carne si pone in un angolo della sua mente, può immediatamente allontanarla con la verità. Ma, se smette di pregare e perde la pienezza dello Spirito Santo, darà automaticamente spazio al diavolo, Satana, il nemico, per stimolare nuovamente la concupiscenza della carne.

Come fare, quindi, per eliminare la concupiscenza della carne e mantenere la pienezza dello Spirito Santo, in modo che il desiderio di cercare lo spirito rimanga più forte del desiderio di soddisfare la carne? Dobbiamo sempre vegliare, come si legge in 1 Pietro 5:8: *"Siate sobri, vegliate; il vostro avversario, il diavolo, va attorno come un leone ruggente cercando chi possa divorare"*.

Per fare questo, dovete pregare sempre con fervore e senza sosta. Sappiate pure che, qualora siamo molto impegnati a fare il lavoro di Dio e smettiamo di pregare, perdiamo la pienezza dello Spirito Santo. In questo modo la concupiscenza della carne si fa una breccia e inizia a essere stimolata, fino ad arrivare a commettere peccati nella mente e poi anche di azione. Ecco perché anche Gesù, il Figlio di Dio, è stato un esempio per noi, Egli pregava senza sosta durante la sua vita sulla terra. Non ha mai smesso di pregare per comunicare con il Padre e compiere la Sua volontà.

Naturalmente, se viviamo in questo modo, la santificazione sarà vicina, perché nessuna concupiscenza della carne potrà intaccarci, e quindi, non commetteremo peccati. Quindi, coloro che si sono già santificati pregheranno, senza sosta, non di eliminare la concupiscenza della carne, ma di avere maggiore pienezza dello Spirito e realizzare a pieno il regno di Dio.

Che cosa succede se abbiamo dei rifiuti umani sui nostri

vestiti? Che, oltre a eliminarli dalla superficie, vorrete lavare gli abiti accuratamente con il detersivo, anche per fare andare via l'odore. Se è presente un verme o un parassita sui nostri vestiti, velocemente ce lo scrolliamo di dosso disgustati. Eppure, i peccati del cuore sono molto più sporchi e più sudici di qualsiasi rifiuto umano o parassita nauseabondo. Come leggiamo in Matteo 15:18: *"Ma ciò che esce dalla bocca viene dal cuore, ed è quello che contamina l'uomo..."*, che lo danneggia fino al midollo delle ossa e causa grande dolore.

Che cosa succede se la moglie scopre che il marito ha una relazione? Che dolore per lei! Lo stesso vale al contrario. Seguiranno litigi a spezzare la pace della famiglia, o anche peggio, questo potrebbe essere anche la causa della disgregazione familiare. Ecco perché dobbiamo liberarci rapidamente della concupiscenza della carne che partorisce il peccato, e da tutte le conseguenze disastrose che sappiamo.

La concupiscenza degli occhi

"La concupiscenza degli occhi" stimola il cuore attraverso l'udito e la vista in modo che una persona cerchi cose carnali. Anche se chiamato "concupiscenza degli occhi", questo attributo è riferito al processo che permette alla carne di entrare nel cuore degli uomini attraverso la vista, l'udito e le sensazioni. Vale a dire, ciò che gli uomini vedono, sentono e percepiscono con il corpo, agita il loro cuore in modo che abbiano dei sentimenti carnali e soddisfino la concupiscenza degli occhi.

Quando osservate qualcosa, se lo accettate con sentimento, avrete una sensazione simile a quando notate qualcosa per la prima volta. Anche senza vedere, in realtà, se senti parlare di quella cosa in particolare, ti verranno in mente esperienze passate, in modo che la concupiscenza degli occhi ne venga stimolata. Se continuate ad alimentare la concupiscenza degli occhi, questa sveglierà la concupiscenza della carne, e, infine, si finirà con commettere un peccato.

Che cosa è successo quando David vide Betsabea, la moglie di Uria, che faceva il bagno? Invece di fuggire dalla concupiscenza degli occhi, la assecondò, aprendo le braccia alla concupiscenza della carne, che, gli fece nascere la voglia di prendere quella donna. Infine, non solo si prese Betsabea, ma commise anche il terribile peccato di inviare il marito, Uria, in prima linea, per essere certo che morisse in battaglia. In questo modo Davide causò una grande prova su di sé.

Se non tagliamo via la concupiscenza degli occhi, continueremo a stimolare la natura peccaminosa che c'è in noi. Per esempio, se guardiamo materiale osceno, questo non farà altro che alimentare la natura peccaminosa della mente adultera. Se continuerete a guardare con gli occhi il peccato, la concupiscenza degli occhi avrà il sopravvento e Satana porterà anche i nostri pensieri in direzione della falsità.

Coloro che credono in Dio non devono accettare la

concupiscenza degli occhi. Non devono vedere o sentire ciò che non è la verità, e non dovrebbero nemmeno andare in luoghi dove possono avere contatto con cose non veritiere. Non importa quanto preghi, digiuni e vegli tutta la notte per eliminare la carne, se non rimuovi la concupiscenza degli occhi, la concupiscenza della carne guadagnerà forza, ti motiverà a tal punto che non riuscirai a liberartene facilmente e ti arrenderai, pensando che lottare contro i peccati è troppo difficile.

Ad esempio, in una guerra, se i soldati all'interno delle mura della città ricevono forniture provenienti da fuori città, prendono forza per continuare a lottare. Distruggere le forze nemiche all'interno della cinta muraria diventa complicato, e, per sconfiggere la città, bisogna tagliare i canali di approvvigionamento esterni, in modo che il nemico non sarà più in grado di ricevere cibo o armi. Se continuiamo ad attaccare, in questa situazione, il nemico potrà essere finalmente distrutto.

Parafrasando questo modello, ad esempio, se la forza nemica dentro le mura della città è la falsità, vale a dire la carne in noi, i rinforzi che arrivano da fuori città sono la concupiscenza degli occhi. Se non eliminiamo la concupiscenza degli occhi, non saremo in grado di liberarci dai peccati, neanche con il digiuno e la preghiera, se la natura peccaminosa continua ad essere alimentata. Ecco perché è necessario, prima di tutto, eliminare la concupiscenza degli occhi e poi pregare e digiunare per liberarci della nostra natura peccaminosa. Allora saremo in grado di scacciare via la concupiscenza della carne, con la grazia, la forza di Dio e la pienezza dello Spirito Santo.

Lasciate che vi faccia un esempio ancora più semplice. Se continuiamo a versare acqua fresca in un recipiente che era pieno di acqua sporca, alla fine l'acqua diventerà pulita. Ma cosa succede se si versa acqua pulita e al tempo stesso si versa dell'acqua sporca nello stesso recipiente? L'acqua nel vaso non diventerà mai del tutto pulita, non importa quanta ne abbiate versata e per quanto a lungo. Allo stesso modo, non dobbiamo accettare la falsità in noi, ma solo la verità, in modo da liberarci della carne completamente e coltivare il cuore dello spirito.

L'orgoglio vanaglorioso della vita

Tutti gli esseri umani hanno la tendenza a vantarsi. Quando parlo de "l'orgoglio vanaglorioso della vita", mi riferisco alla vanità della nostra natura riguardo i piaceri di questa vita. Per esempio, tutti si vantano della propria famiglia, dei figli, del marito o della moglie, degli abiti costosi, della bella casa, o dei gioielli esclusivi. Tutti vogliono essere riconosciuti per ciò che appaiono o per le capacità che possiedono. Se qualcuno ha delle amicizie con persone influenti o con celebrità, si vanterà anche di quelle. Se ciò che ti guida è l'orgoglio prepotente della vita, apprezzerai e ricercherai la ricchezza, la fama, la conoscenza, le abilità e le apparenze di questo mondo sopra tutto il resto.

Ma, a cosa serve vantarsi di queste cose? Ecclesiaste 1:2-3 dice che tutto sotto il sole è vano. Come è scritto nel Salmo 103:15 *"I giorni dell'uomo sono come l'erba; egli fiorisce come il fiore dei campi..."*, per cui, vantarci delle cose di questo mondo, non aggiunge nessun valore alla vita. Piuttosto, ci rende ostili verso Dio e ci conduce alla morte. Se ci siamo liberati dell'inutile carne, saremo anche liberati dalla vanagloria e dalla lussuria, e quindi saremo liberi di seguire solo la verità.

1 Corinzi 1:31 afferma che chi si vuole vantare, lo faccia nel Signore, e cioè, siamo ciò che siamo solo per la gloria di Dio. Vale a dire, l'unico vanto di cui ci possiamo pregiare è la croce e il Signore che ci ha salvati e il regno dei cieli che Egli ha preparato per noi. Inoltre, dovremmo vantare la grazia, la benedizione, la gloria e tutto ciò che Dio ci ha dato. Quando ci vantiamo nel Signore, Dio è soddisfatto e ci restituisce benedizioni materiali e spirituali.

Il dovere degli uomini è di avere timore dell'Eterno e di amare Dio, e, il valore di ogni persona, verrà pesato in nella proporzione in cui diventa un uomo di spirito (Ecclesiaste 12:13).

Una volta che abbiamo gettato via tutti i peccati e il male, vale a dire le opere della carne e le cose della carne, e che recuperiamo l'immagine perduta di Dio, siamo in grado di andare oltre il livello del primo uomo Adamo, che era uno spirito vivente. Questo significa che possiamo diventare uomini di spirito, interamente, non alimentando più la carne e le sue passioni e rivestendoci di Cristo.

Capitolo 4

Oltre il livello dello spirito vivente

Una volta demoliti i pensieri carnali, le funzioni dell'anima appartenenti
alla carne scompaiono, per lasciare il posto a quelle dello spirito.
L'anima obbedisce allo spirito completamente, con si e amen.
Quando il capo (lo spirito) fa il capo e il servo (l'anima) fa il servo,
allora si può dire che la nostra anima prospera.

Il cuore limitato degli uomini

Per diventare un uomo di spirito

Spirito vivente e spirito coltivato

La fede spirituale è il vero amore

Verso la santità

Anche i neonati sono esseri umani, ma non adempiono alle funzioni di un essere umano completo. Non hanno alcuna conoscenza. Non sono nemmeno in grado di riconoscere i loro genitori. Non sanno come sopravvivere. Allo stesso modo, Adamo, il primo uomo creato e, uno spirito vivente, non era in grado di esercitare le sue funzioni come uomo all'inizio. Solo dopo essere stato riempito con la conoscenza dello spirito divenne un essere degno di significato. Dopo aver appreso la conoscenza dello spirito di Dio direttamente da Lui, fu posto come Signore di tutte le creature. A quel tempo, il cuore di Adamo era come il suo spirito, puro, quindi non c'era bisogno di usare la parola "cuore" per definire questi due comparti che erano comunque separati.

Dopo aver peccato, lo spirito di Adamo morì, e, a poco a poco, la conoscenza dello spirito ha cominciato a fuoriuscire da lui, e il vuoto che questa lasciò fu riempito con la conoscenza della carne, proveniente dal nemico, il diavolo, da Satana. Il cuore di Adamo, a questo punto, non poteva più essere chiamato "spirito" e da quel momento in poi fu denominato "cuore".

In origine, il cuore di Adamo era stato creato a immagine di Dio, che è spirito. La misura del cuore di Adamo era potenzialmente infinita, in quanto poteva estendersi attraverso la conoscenza dello spirito. Dopo che il suo spirito morì, la conoscenza della falsità circondò lo spirito, e adesso, la dimensione del cuore è limitata. Attraverso l'anima, che è diventata il padrone dell'uomo, gli uomini cominciarono a ricevere input da fonti esterne, acquisendo così diversi tipi di conoscenza, e ad utilizzare tali conoscenze in modi diversi. Secondo questa conoscenza e il suo diverso utilizzo, il cuore degli uomini ha assunto percorsi molto rigidi.

Così, anche coloro che possiedono il cuore relativamente grande non sono ancora davvero in grado di andare oltre certi limiti stabiliti dal singolo senso di giustizia, dal telaio personale dei propri valori e dalle loro teorie. Quando accettiamo il Signore Gesù Cristo e riceviamo lo Spirito Santo, il nostro spirito viene riportato in vita e allora sì che possiamo superare i limiti umani. Inoltre, nella misura in cui coltiviamo il cuore dello spirito, possiamo percepire e conoscere il regno spirituale che è illimitato.

Il cuore limitato degli uomini

Quando l'uomo che opera solo secondo la sua anima ascolta la Parola di Dio, il messaggio viene inserito prima nel cervello e poi utilizzato attraverso i pensieri umani. Per questo motivo non riescono ad accettare la Sua Parola con il cuore. Naturalmente, non possono comprendere le cose spirituali o cambiare sé stessi con la verità. Cercano di comprendere il mondo spirituale attraverso i loro cuori limitati, e quindi passano attraverso numerosi verdetti, oltre ad avere giudizi errati sui patriarchi della Bibbia.

Quando Dio comandò ad Abramo di offrire il suo unico figlio Isacco, alcuni ipotizzano che deve essere stato molto difficile per lui ubbidire. Dicono che Dio gli ha permesso di viaggiare per tre giorni fino al monte Moria per mettere alla prova la sua fede. Abramo avrà provato certamente grande agonia mentre pensava se obbedire al comando di Dio o no. Poi, alla fine ha scelto di obbedire.

Ma secondo voi, è possibile che Abramo abbia davvero fatto un percorso mentale simile? Non credo. La mattina uscì presto, senza consultare sua moglie, Sarah, così fiducioso nella potenza e nella bontà di Dio tanto da credere che Egli avrebbe resuscitato suo figlio dai morti. Per questo motivo ubbidì senza remore, senza alcuna esitazione. Dio vide il suo cuore e riconobbe la sua fede e il suo amore. Di conseguenza, Abramo divenne il padre della fede e fu chiamato "amico di Dio".

Se una persona non capisce il livello di fede e di obbedienza in cui Dio si compiace, è logico che non comprenda queste dinamiche, perché pensa con il suo cuore limitato e il proprio standard di fede. Possiamo comprendere coloro che amano Dio e lo compiacciono nella misura in cui abbiamo gettato via i nostri peccati e coltiviamo il cuore dello spirito.

Per diventare un uomo di spirito

Dio è spirito e desidera che i suoi figli diventino uomini di spirito. Ma noi, che cosa dobbiamo fare per diventare uomini di spirito, in modo che lo spirito regni sulla nostra anima e sul nostro corpo? La più importante delle azioni è: interrompere il flusso di pensieri di falsità, vale a dire i pensieri carnali, in modo da non essere controllati da Satana. Poi, dobbiamo ascoltare la voce dello Spirito Santo che muove il nostro cuore attraverso la Parola di verità e lasciare che la nostra anima obbedisca a quella voce completamente. Quando ascoltiamo la Parola di Dio, dobbiamo accettarla con un "Amen" e pregare con fervore fino a comprenderne il significato spirituale.

In tal modo, se riceviamo la pienezza dello Spirito Santo, il nostro spirito diventerà il padrone del nostro intero essere, e arriveremo a una dimensione spirituale tale da avere comunicazione con Dio, ogni giorno. È allora, quando l'anima obbedisce allo spirito completamente e agisce come un suo subordinato, allora diciamo che la nostra anima prospera. Se la nostra anima prospera, prospereremo anche in tutte le altre cose e saremo sani.

Se comprendiamo le funzioni dell'anima in modo chiaro e agiamo nel modo che Dio desidera, essa non sarà più istigata da Satana. In questo modo, siamo in grado di recuperare l'immagine perduta di Dio che Adamo perse a causa del suo peccato. Quando l'ordine tra lo spirito, l'anima e il corpo sarà stabilito correttamente, saremo veri figli di Dio. Non solo, è possibile oltrepassare il livello di spirito vivente, vale a dire, quello di Adamo di ricevere l'autorità e il potere di governare su tutte le cose, e godere di gioia eterna e di felicità inenarrabile nel regno celeste, che si trova a un livello superiore di quello del Giardino dell'Eden. Come dice 2 Corinzi 5:17: *"Se dunque uno è in Cristo, egli è una nuova creatura; le cose vecchie sono passate: ecco, sono diventate nuove..."*, vale a dire, siamo una creatura completamente nuova nel Signore.

Spirito vivente e spirito coltivato

Quando obbediamo ai comandi di Dio, quando facciamo certe cose e ne adempiamo altre, vuol dire che non compiamo le opere della carne e osserviamo la verità. Ecco che praticando questo diveniamo sempre più uomini di spirito. Finché siamo uomini di carne che praticano la falsità, potremmo avere diversi problemi o contrarre malattie, ma, una volta che diventiamo uomini di spirito, prospereremo in tutte le cose e saremo sani, perché la nostra anima apparterrà alla verità. Sapete, è solo nella verità che possiamo ascoltare la voce dello Spirito Santo in modo chiaro. Se rispettiamo completamente i comandamenti di Dio diverremo uomini di spirito, privi di falsità.

Non solo, vi è una grande differenza tra gli uomini di spirito che noi possiamo diventare, e Adamo, che era stato uno spirito vivente. Adamo non aveva mai provato nulla di carnale, tantomeno la coltivazione umana, e quindi, non poteva essere considerato come un essere completamente spirituale. Non avrebbe mai potuto capire il dolore, la sofferenza, la morte, o la separazione che sono causate dalla carne. Ciò significa che, in un certo senso, non sapeva cosa fossero la gratitudine e la riconoscenza. Dio lo amava infinitamente ma Adamo non era in grado di apprezzare la meraviglia di questo amore, perché, pur godendo delle cose migliori, non riusciva a sentire che lui era felice. Non poteva essere un vero figlio di Dio tanto da condividere il suo cuore con Lui. Solo dopo essere passato attraverso le cose carnali, dopo averle conosciute sulla sua pelle, avrebbe potuto essere un vero essere spirituale.

Quando Adamo era uno spirito vivente, non aveva provato nulla di carnale. Non solo, data la possibilità di accettare la carne e corrompersi, Adamo cadde, il che significa che il suo non era uno spirito completo e perfetto nel vero senso della parola, perché era uno spirito soggetto alla possibilità di morte, cosa che poi è accaduta. Questo è il motivo per cui è stato chiamato un essere vivente, il che significa uno spirito vivente. Qualcuno potrebbe anche chiedersi come è possibile che uno spirito vivente abbia potuto accettare la tentazione di Satana. Lasciate che risponda a questa domanda con una semplice allegoria.

Supponiamo che in una famiglia vi siano due bambini molto obbedienti. Uno di loro una volta si è ustionato con l'acqua bollente mentre l'altro no. Un giorno, la madre indica loro il bollitore acceso avvertendoli di non toccarlo. Entrambi non gli si avvicinano, perché, come sempre, sono ubbidienti.

Quello dei due che si è ustionato le obbedisce molto volentieri, sa che l'acqua bollente è pericolosa, non solo, comprende il cuore della madre, che, amandoli, cerca di proteggerli da ogni pericolo. Al contrario, l'altro bambino, quello che non si è mai ustionato, si incuriosisce davanti al bollitore, osserva con attenzione il vapore che esce dalla valvola. Lui non comprende le intenzioni del cuore della mamma. C'è sempre la possibilità che sia tentato di toccare il bollitore caldo per curiosità.

Lo stesso è successo con Adamo quando era uno spirito vivente. Sapeva che i peccati e il male erano sbagliati, sapeva che potevano causare dolore, ma non li aveva mai sperimentati. Per quanto si sforzasse, non c'era modo per lui di capire quanto dolore e che disgrazia potesse significare peccare. Dato che non aveva sperimentato la relatività delle cose, alla fine ha accettato la tentazione di Satana di sua spontanea volontà e, mangiò il frutto proibito.

Dio desiderava dei veri figli, diversi da Adamo, lo spirito vivente che non aveva mai capito la relatività delle cose, Egli voleva dei figli che, dopo aver sperimentato la carne, tornassero ad avere dei cuori di spirito e che non avrebbero mai più cambiato idea, in qualsiasi circostanza. Dei figli che capivano bene la differenza tra la carne e lo spirito, che avevano sperimentato il peccato, il male, il dolore, e la tragedia in questo mondo, in modo da sapere quanto la carne sia dolorosa, sporca e senza senso. Non solo, questi figli, sono ben consapevoli del fatto che lo spirito è l'opposto della carne e quindi, di loro spontanea volontà, non potranno mai più tornare carne. Questa è la differenza tra lo spirito vivente e lo spirito coltivato.

Uno spirito vivente sa obbedire incondizionatamente mentre lo spirito coltivato conosce e obbedisce dal cuore, dopo aver sperimentato sia il bene sia il male. Inoltre, gli uomini di spirito che si sono liberati di tutti i peccati e del male, ricevono la benedizione di entrare nel terzo regno dei cieli e la possibilità di vivere nella Nuova Gerusalemme.

La fede spirituale è il vero amore

Una volta che si diventa uomini di spirito nel cammino della nostra fede, la felicità e la gioia che sentiremo saranno di una dimensione completamente diversa. Avremo la vera pace nel cuore. Saremo sempre lieti, pregheremo incessantemente, e renderemo grazie in ogni cosa, come dice 1 Tessalonicesi 5:16-18. Ora comprendiamo il cuore e la volontà di Dio e sappiamo che il suo desiderio era quello di darci la vera felicità, in modo da amare Dio con un cuore vero ed essergli grati.

Abbiamo sentito che Dio è amore, ma prima di diventare uomini di spirito, non possiamo davvero sapere cosa sia davvero l'amore. Solo dopo che abbiamo capito la provvidenza di Dio, attraverso il processo di coltivazione umana, possiamo comprendere che Dio è l'amore stesso e che dobbiamo amare Lui al primo posto e sopra qualsiasi cosa.

Finché non ci liberiamo completamente della carne presente nel nostro cuore, il nostro amore e la nostra gratitudine non sono veritiere. Anche se diciamo di amare Dio e di essergli grati, cambiamo il corso della nostra vita quando le cose non ci sembrano propizie. Diciamo che siamo grati quando le cose vanno bene, ma ben presto dimentichiamo la grazia. Se ci sono cose difficili davanti a noi, piuttosto che ricordare la grazia, diventiamo frustrati o arrabbiati, dimenticando la gratitudine e la grazia che abbiamo ricevuto.

Al contrario dell'uomo carnale, la gratitudine degli uomini di spirito viene dal profondo dei loro cuori, non cambia mai, anche con il passare del tempo. Capiscono la provvidenza di Dio, che coltiva gli esseri umani, nonostante tutti i dolori insopportabili provenienti da essa, gli sono grati dal profondo del cuore. Inoltre, amano veramente e rendono grazie al Signore Gesù che ha preso la croce al posto loro e per lo Spirito Santo che li guida alla verità.

Verso la santità

Gli uomini sono stati danneggiati dal peccato, ma dopo aver accettato Gesù Cristo e ricevuto la grazia della salvezza, possono essere cambiati dalla fede e dalla potenza dello Spirito Santo, superando così lo stato di "spirito vivente". Nella misura in cui si liberano della menzogna, rimpiazzandola con la verità, possono diventare degli uomini di spirito, compiendo la santità.

Nella maggior parte dei casi, quando la gente vede qualcosa di malvagio, unisce ciò che vede con la falsità che abita in loro, e questo li conduce a sentire e pensare al male, aprendosi a compiere malvagità. Coloro che sono santificati, invece, non hanno alcuna falsità, non serbano cattivi pensieri e di conseguenza, non compiono neanche azioni cattive. In primo luogo, gli uomini e le donne santificate evitano di esporsi alla vista di cose malvagie, ma, anche se capita, queste cose non attecchiscono in loro perché non trovano il terreno fertile dei cattivi pensieri.

Possiamo parlare di santificazione, se coltiviamo un cuore puro, senza difetto o macchia, libero anche del male che si trova nel profondo del nostro cuore. Coloro che hanno solo pensieri spirituali, vale a dire quelli che vedono, sentono, parlano e agiscono solo nella verità, quelli sono i veri figli di Dio, che hanno superato anche il livello di spirito.

Come è scritto in 1 Giovanni 5:18: *"Noi sappiamo che chiunque è nato da Dio non persiste nel peccare; ma colui che nacque da Dio lo protegge, e il maligno non lo tocca"*, in pratica, chi ha il potere nel regno spirituale? Chi è senza peccato. E, vivere senza peccato significa aver raggiunto la santità. Per questo motivo è possibile recuperare l'autorità che era stata data ad Adamo quando era uno spirito vivente e sconfiggere, sottomettendolo, il diavolo, Satana, il nemico.

Una volta che si diventa uomini di spirito, il diavolo non

ci può nemmeno più toccare, e, attraverso la bontà e l'amore, saremo in grado di eseguire le opere potenti dello Spirito Santo e fare cose grandi.

Diventiamo uomini di spirito, completi, attraverso la santificazione (1 Tessalonicesi 5:23). Se pensiamo a Dio, che sta coltivando l'umanità, che ha sopportato gli esseri umani per tutto questo tempo, per amore, per guadagnarsi dei veri figli, allora siamo in grado di comprendere che la cosa più significativa della vita è che il nostro uomo spirituale sia vivificato e completo.

Parte 3

Il recupero dello Spirito

Sono una persona della carne o dello spirito?

Differenza tra spirito e spirito completo

"Gesù rispose: «In verità, in verità ti dico che
se uno non è nato d'acqua e di Spirito,
non può entrare nel regno di Dio.
Quello che è nato dalla carne, è carne;
e quello che è nato dallo Spirito, è spirito".
- Giovanni 3:5-6

Capitolo 1

Spirito e spirito completo

Perché lo spirito di ogni uomo è morto,
l'umanità ha bisogno della salvezza.
La nostra vita cristiana è il processo dello spirito
che cresce dopo che è stato vivificato.

Che cosa è lo Spirito?

Recuperare lo spirito

Il processo di crescita dello Spirito

Coltivazione del buon terreno

Le tracce della carne

Gli elementi che dimostrano che il nostro spirito è completo

Benedizioni elargite agli uomini di spirito e a quelli di spirito completo

Lo spirito dell'uomo è morto a causa del peccato di Adamo. Da quel momento in poi, la sua anima è diventata il suo padrone. Questa anima, da sempre, accetta la falsità e segue le proprie passioni, e, a causa di ciò, l'uomo muore senza ricevere la salvezza. Gli uomini sono controllati dall'anima, che si trova sotto l'influenza di Satana, e quindi, commettono peccati e, di per questo motivo, vanno all'inferno. Ecco perché tutti gli esseri umani hanno bisogno di essere salvati. Dio è alla ricerca di veri figli da salvare durante il tempo della coltivazione umana, vale a dire, Egli è alla ricerca di persone di spirito e di spirito completo.

1 Corinzi 6:17 dice: *"Ma chi si unisce al Signore è uno spirito solo con lui"* I veri figli di Dio sono quelli che si uniscono a Gesù Cristo nello spirito.

Dal momento in cui accettiamo Gesù Cristo, con l'aiuto dello Spirito Santo, iniziamo a vivere nella verità, e, se la verità è in misura piena, significa che siamo diventati uomini di spirito che hanno il cuore del Signore. Ecco cosa vuol dire avere un solo spirito con il Signore. Adesso, anche se siamo diventati un solo spirito con Lui, però, lo spirito di Dio e lo spirito degli uomini sono completamente diversi l'uno dall'altro. Dio è spirito e non ha un corpo fisico, lo spirito degli uomini, invece, è contenuto in un corpo fisico. Lo spirito di Dio ha una "forma" che appartiene al cielo, mentre lo spirito degli uomini ha la forma del corpo che lo contiene, un corpo creato dalla polvere della terra. Vi è certamente una grande differenza tra Dio Creatore e gli esseri umani, che sono creature.

Che cosa è lo Spirito?

Molte persone pensano che lo "spirito" sia semplicemente un termine linguistico, intercambiabile con la parola "anima". Il dizionario italiano online dice che lo spirito è "la realtà immateriale che si manifesta, in Dio, come principio generatore di vita, e nell'uomo come entità intellettuale e morale". Ma lo spirito, dal punto di vista di Dio, è qualcosa che non muore mai, non perisce, è eterno. È l'espressione della vita e della verità.

Se vogliamo trovare un elemento che ha caratteristiche simili allo spirito qui, su questa terra, possiamo paragonarlo all'oro. Lo scintillio di questo metallo prezioso non svanisce, anche con il passare del tempo, non marcisce, e, le sue proprietà non subiscono modifiche. Per questo Dio paragona la nostra fede all'oro puro e con questo materiale - e altre pietre preziose - costruisce le case del cielo per noi.

Il primo uomo, Adamo, quando Dio soffiò nelle sue narici l'alito di vita, ha ricevuto una parte della natura originaria di

Dio. È stato creato come uno spirito imperfetto. Questo perché esisteva la possibilità che tornasse ad una condizione di essere carnale, con le caratteristiche del suolo. Non era "spirito" da solo. Era uno "spirito vivente" un "essere vivente".

Per quale motivo Dio ha creato Adamo come spirito vivente? Perché voleva che Adamo andasse oltre la dimensione dello spirito vivente sperimentando la carne, l'umanità attraverso la coltivazione, fino a diventare un uomo dallo spirito completo. Questo non vale solo per Adamo, ma è vero anche per tutti i suoi discendenti. Ecco perché Dio ha preparato il Salvatore, Gesù, e il Consolatore, lo Spirito Santo, ancora prima dei secoli.

Recuperare lo spirito

Adamo visse nel Giardino dell'Eden come spirito vivente per un periodo di tempo immenso, fino a quando la comunicazione con Dio venne interrotta a causa del suo peccato. Da quel momento in poi, Satana cominciò a piantare la conoscenza della falsità in Adamo, attraverso la sua anima. Durante questo processo, la conoscenza dello spirito che era stata data da Dio cominciò a scomparire, sostituita dalla carne, che è la conoscenza della falsità proveniente da Satana.

Col passare del tempo, la falsità della carne ha completamente riempito lo spirito dell'uomo, circondando e soffocando il seme della vita, finché è diventato completamente inattivo. In questo stato di completa inattività del seme della vita, lo spirito è morto.

Dicendo che lo spirito è morto intendo che la Luce di Dio, che può vivificare il seme della vita, è scomparsa. Ora, che cosa dobbiamo fare per ravvivare lo spirito morto?

Prima di tutto, dobbiamo nascere di acqua e di Spirito.

Quando ascoltiamo la Parola di Dio che è la verità e accettiamo Gesù Cristo come nostro personale Salvatore, Dio ci offre in dono lo Spirito Santo. Gesù disse in Giovanni 3:5: *"In verità, in verità vi dico, se uno non nasce da acqua e da Spirito non può entrare nel regno di Dio"*. Da questo comprendiamo che possiamo essere salvati solo dopo essere nati dall'acqua, che è la Parola di Dio, e dallo Spirito Santo.

Lo Spirito Santo viene nel nostro cuore e provoca la scintilla vitale, innestandola nel seme della vita in modo che torni a essere attivo. È così che il nostro spirito morto torna in vita. Lo Spirito Santo ci aiuta ad eliminare la carne che è falsità, a distruggere le opere mendaci dell'anima, consolidando in noi la conoscenza della verità. Se non riceviamo lo Spirito Santo, il nostro spirito, che è morto, resta inattivo e non possiamo comprendere il significato spirituale della Parola di Dio. Non comprendendo la Parola, essa non cresce e non si impianta nel nostro cuore e perciò, noi non possiamo avere la fede spirituale. La fede, la comprensione della parola di Dio, l'innesto che rivitalizza il nostro spirito inattivo, tutte queste cose sono possibili solo con l'aiuto dello Spirito Santo. Quando preghiamo, poi, possiamo ricevere la forza per praticare la Parola di Dio e viverla ogni giorno. Senza il suo aiuto con la preghiera, non avrete forza per praticare la Parola.

In secondo luogo, dobbiamo continuamente tenere vivo il nostro spirito per mezzo dello Spirito Santo.

Una volta che il nostro spirito, che era morto, torna attivo attraverso lo Spirito Santo, dobbiamo continuare a riempirlo con la conoscenza della verità, in modo che resti vivo attraverso lo Spirito Santo. Con l'aiuto dello Spirito Santo, infatti, possiamo lottare contro i peccati fino a versare sangue, se sarà necessario, solo così il male e la menzogna nel cuore andranno via. Inoltre, nella misura in cui accettiamo la conoscenza della verità fornita dallo Spirito Santo, come l'amore, la bontà, la verità, la mitezza e l'umiltà, sempre più e in modo maggiore, la verità e la bontà di cuore faranno parte di noi. In altre parole, accettare la verità per mezzo dello Spirito Santo significa invertire le azioni intraprese nell'ambito del processo attraverso il quale l'uomo è stato danneggiato dalla caduta di Adamo.

Ci sono persone, però, che hanno ricevuto lo Spirito, ma non cambiano il loro cuore. Essi non seguono i desideri dello Spirito Santo, ma continuano a vivere nel peccato, assecondando i desideri della carne. In un primo momento provano a gettare via i peccati, ma da un certo momento in poi, diventano tiepidi nella loro fede e smettono di lottare contro il peccato. Dal momento in cui smettono di liberarsi della malvagità, tornano

183

all'amicizia con il mondo e a peccare. Il loro cuore, che sono era stato purificato e sbiancato, si macchia nuovamente di peccato. Anche se abbiamo ricevuto lo Spirito Santo, se i nostri cuori sono continuamente intrisi di falsità, il seme della vita in noi non può guadagnare forza.

1 Tessalonicesi 5:19 ci avverte dicendo: *"Non spegnete lo Spirito"*. Potremmo raggiungere uno stato in cui abbiamo la nomina di quelli spiritualmente vivi, ma, se non cambiamo dopo aver ricevuto lo Spirito Santo, siamo morti (Apocalisse 3:1). Quindi, anche se abbiamo ricevuto lo Spirito Santo, Egli a poco a poco si estinguerà se continuiamo a vivere nel peccato e nel male.

Ecco perché dobbiamo costantemente sforzarci di cambiare il nostro cuore fino a farlo diventare un cuore di verità, completamente. In 1 Giovanni 2:25 dice: *"E questa è la promessa che egli ci ha fatta: la vita eterna"*. Sì, Dio ci ha fatto questa promessa.

Tuttavia, è posta una condizione perché si adempia: restare uniti con il Signore e praticare la Parola di Dio che abbiamo ascoltato. Non possiamo ricevere la salvezza, anche se diciamo di creder nel Signore se non viviamo in Dio.

Il processo di crescita dello Spirito

Giovanni 3:6 dice: *"Quello che è nato dalla carne, è carne; e quello che è nato dallo Spirito, è spirito"*. Come scritto, non possiamo far nascere lo spirito fino a quando rimaniamo nella carne.

Pertanto, una volta che abbiamo ricevuto lo Spirito Santo e il nostro spirito morto è riattivato, deve continuare a crescere. Che cosa succede se un bambino non cresce in modo corretto o non cresce affatto? Che non è in grado di vivere una vita normale. Lo stesso è vero della vita spirituale. Quei figli di Dio che hanno maturato la vita, devono, continuare ad aumentare la loro fede e a maturare in spirito.

La Bibbia ci dice che la misura di fede di ogni uomo è diversa (Romani 12:3). In 1 Giovanni 2:12-14, Egli descrive i diversi livelli di fede, qualificandola come: la fede dei figli, dei ragazzi, dei giovani e dei padri:

Figlioli, vi scrivo perché i vostri peccati sono perdonati in virtù del suo nome. Padri, vi scrivo perché avete conosciuto colui che è fin dal principio. Giovani, vi scrivo perché avete vinto il maligno. Ragazzi, vi ho scritto perché avete conosciuto il Padre. Padri, vi ho scritto perché avete conosciuto colui che è fin dal principio. Giovani, vi ho scritto perché siete forti, e la parola di Dio rimane in voi, e avete vinto il maligno.

Nella misura in cui noi siamo trasformati, Dio ci dà la fede dall'alto, con la quale siamo in grado di credere dal cuore. Questo è ciò che lo Spirito Santo fa: riporta il nostro spirito in vita e aumenta la nostra fede. Lo Spirito Santo viene nei nostri cuori e ci istruisce riguardo al peccato, alla giustizia e al giudizio (Giovanni 16:7-8), ci aiuta a credere in Gesù Cristo, a comprendere il significato spirituale contenuto nella Parola di Dio e accettarlo con il nostro cuore. Attraverso questo processo, siamo in grado di recuperare l'immagine di Dio e diventare dei veri figli, cioè, persone di spirito completo.

Perché il nostro spirito cresca, dobbiamo prima demolire i pensieri carnali, che emergono, ogni volta che la menzogna nel nostri cuore si manifesta attraverso le funzioni false dell'anima. Ad esempio, se covate del male nel cuore e sentite che qualcuno sparla di voi, immediatamente le funzioni false dell'anima reagiranno. Inizierete ad avere pensieri carnali su quella persona, convincendovi che è scortese, vi offendete e via via lasciate emergere tutti gli altri sentimenti negativi.

In questo momento è Satana che controlla l'anima, è lui che sta impiantando in voi tutti i cattivi pensieri. Attraverso queste funzioni dell'anima, la falsità del cuore alimenta le cose della carne, come l'ira, l'odio, i sentimenti duri e l'orgoglio. Piuttosto che cercare di comprendere le motivazioni di questa persona, adesso riuscite a pensare solo a un confronto per avere il sopravvento su di lei.

Anche le cose della carne che ho appena nominato fanno parte dei pensieri carnali, infatti, è attraverso le funzioni false dell'anima che la propria natura - il proprio senso di giustizia o il telaio delle proprie convinzioni e teorie - emerge. Supponiamo che una persona abbia consolidato una sorta di struttura concettuale per la quale ritiene che sia giusto non scendere a compromessi nella fede. Convinta della correttezza delle sue idee, pur di affermarle sempre, rompe la pace con gli altri, anche in situazioni in cui avrebbe dovuto prendere in considerazione il livello di fede e le circostanze altrui. Non solo, i pensieri carnali sono anche quelli che ci portano a pensare a una determinata condizione o a una situazione come a qualcosa di impossibile da cambiare.

Anche dopo aver ricevuto lo Spirito Santo e accettato il Signore Gesù, i pensieri carnali resistono in proporzione al livello di carne che ancora abita in noi. Di contro, i pensieri spirituali abiteranno in noi non appena iniziamo a recuperare la conoscenza della verità che è la Parola di Dio. Lo Spirito Santo non può portare in noi forzatamente la conoscenza della verità se lasciamo che i pensieri carnali occupino ogni spazio.

Ecco perché Romani 8:5-8 dice: *"Infatti quelli che sono secondo la carne, pensano alle cose della carne; invece quelli che sono secondo lo Spirito, pensano alle cose dello Spirito. Ma ciò che brama la carne è morte, mentre ciò che brama lo Spirito è vita e pace; infatti ciò che brama la carne è inimicizia contro Dio, perché non è sottomesso alla legge di Dio e neppure può esserlo; e quelli che sono nella carne non possono piacere a Dio"*.

Leggendo questo passaggio è chiaro che per raggiungere il livello di spirito completo, i nostri pensieri carnali dovranno prima sparire, essere abbattuti. Coloro che vivono nella carne non possono fare a meno di avere pensieri carnali, e, di conseguenza, hanno idee, parole e comportamenti che sono contro Dio.

Uno degli esempi più eclatanti di uomo che si mise contro Dio, a causa dei pensieri carnali, è quello di re Saul, come si legge nel racconto di 1 Samuele 15. Dio gli ordinò di attaccare Amalek e distruggere tutto. Tutto! Era parte della punizione per essersi opposti a Dio in maniera grave e irreparabile nel passato.

Dopo che Saul vinse la battaglia, invece di radere al suolo ogni cosa e eliminare ogni essere vivente, decise di conservare il bestiame, che lo avrebbe usato come sacrificio a Dio. Non solo, catturò il re di Amalek, ma lo fece prigioniero, non lo uccise. Saul voleva vantarsi delle sue gesta, mostrare pubblicamente che aveva fatto bene il suo lavoro. Egli disobbedì, perché aveva pensieri carnali provocati dalla sua avidità e dalla sua arroganza. I suoi occhi erano così accecati dall'ingordigia e dalla superbia che non smise mai di avere una mente carnale e, infine, fece una morte miserabile.

La ragione fondamentale che provoca i pensieri carnali è la menzogna nei nostri cuori. Se avessimo il cuore colmo unicamente della conoscenza della verità, non potremmo mai avere pensieri carnali. Coloro che non hanno pensieri carnali, naturalmente, hanno pensieri spirituali, obbediscono alla voce e alla guida dello Spirito Santo, e in questo modo sono amati da Dio e sperimentano le sue opere.

Quindi, è ovvio, che dobbiamo diligentemente liberarci

dalla falsità e riempire il nostro cuore con la conoscenza della verità, che è la Parola di Dio. Questa conoscenza della verità non deve essere solo mera conoscenza nella nostra testa, ma nel nostro cuore, che coltiviamo e nutriamo giorno dopo giorno con la Parola di Dio. Questo ci consentirà di sostituire i pensieri spirituali a quelli carnali. Quando interagiamo con gli altri o vediamo certe situazioni, non dobbiamo mai esprimere un giudizio e condannare con il nostro punto di vista, ma cercare di vedere nella verità. Dobbiamo verificare costantemente se abbiamo trattato gli altri con bontà, amore, e veridicità, in ogni momento. Solo così possiamo cambiare, solo in questo modo siamo in grado di crescere spiritualmente.

Coltivazione del buon terreno

Proverbi 4:23 dice: *"Custodisci il tuo cuore più di ogni altra cosa, poiché da esso provengono le sorgenti della vita"*. La fonte della vita eterna viene dal cuore. Siamo in grado di raccogliere il frutto solo dopo che abbiamo seminato i semi nel campo in modo che possano germogliare, fiorire e produrre i frutti. Allo stesso modo, siamo in grado di portare i frutti spirituali solo dopo che il seme della Parola di Dio cade sul campo del nostro cuore.

La Parola di Dio, che è la fonte della vita, ha due tipi di funzioni quando viene seminata nel cuore. Dissoda i peccati e la falsità del nostro cuore, e aiuta a portare frutto. La Bibbia contiene un gran numero di comandamenti, ma tutti rientrano in una di queste quattro categorie: fare, non fare, osservare, liberati da, certe cose. Per esempio la Bibbia dice di "liberarci da" ogni ogni forma di male, dall'avidità, e ancora "non (fare)" può essere non odiare, o non giudicare. Quando obbediamo a questi comandi, i peccati naturalmente vengono estirpati da noi. Significa che la Parola di Dio entra nel nostro cuore e lo coltiva rendendolo un terreno buono.

Se ci fermassimo dopo aver arato sarebbe tutto inutile. Ora bisogna seminare i semi della verità e del bene nel campo che è stato arato, in modo da produrre tutti e nove i frutti dello Spirito Santo, le benedizioni delle beatitudini e l'amore spirituale. Produrre frutto significa obbedire ai comandi che ci dicono di osservare e fare certe cose, come osservare e praticare i comandamenti di Dio.

Il processo che ci rende uomini di spirito, come si è detto nella prima parte di questo capitolo sulla coltivazione, è lo stesso che va messo in atto per coltivare il campo del nostro cuore. Come si trasforma un campo incolto in un buon terreno? Arandolo, dissotterrando le rocce ed estirpando le erbacce. Allo stesso modo, dobbiamo gettare via tutte le opere della carne e le cose della carne in obbedienza alla Parola di Dio che ci dice di "non fare" e di "liberarci di" certe cose. Ogni persona conserva in sé diversi tipi di male, quindi, se estirpiamo la radice del male che troviamo più difficile da gettare via, tutte le altre forme di malvagità si uniranno a questa e saranno eliminate con lei. Per esempio, se qualcuno che combatte con la gelosia la estirpa dal suo cuore, tutte le altre forme di male che ha dentro collegate alla gelosia, come ad esempio l'odio, il pettegolezzo e la menzogna, verranno eliminate.

Una volta che tiriamo fuori la radice principale della rabbia, anche tutte le altre forme del male a lei collegate, come l'irritazione e la frustrazione, usciranno. Se noi preghiamo e vogliamo liberarci dalla rabbia, Dio ci dona la grazia e la forza e lo Spirito Santo che ci aiuta nel nostro intento. Praticando la Parola della verità nella nostra vita, tutti i giorni, avremo la pienezza dello Spirito Santo, e la forza della carne sarà indebolita. Supponiamo che un uomo si adiri dieci volte al giorno, la frequenza con cui si arrabbierà durante tutto questo processo, verrà ridotta a nove, sette e cinque volte, al giorno, fino a sparire. In tal modo, se trasformiamo il nostro cuore in un terreno buono, estirpando la natura peccaminosa, questo cuore diventa un cuore dello "spirito".

Contemporaneamente al liberarci delle radici malvagie nel nostro cuore, dobbiamo piantare la Parola di verità che ci dice di fare e mantenere certe cose, come amare, perdonare, servire gli altri e osservare il giorno del Signore. La verità di cui ci riempiamo, ora, prende il posto della falsità che estirpiamo, è un processo che avviene contemporaneamente e non successivo. Quando, attraverso questo processo, la verità ha riempito tutto il nostro cuore, diventiamo una persona di spirito.

Una delle cose che dobbiamo gettare via per diventare una persona di spirito è il male che ereditiamo attraverso la nostra natura originaria. Continuando l'allegoria con un terreno da coltivare, il male della natura originale rappresenta le caratteristiche del suolo. Questi mali si tramandano dai genitori ai figli attraverso l'energia vitale o "chi". Non solo, se entriamo in contatto e accettiamo malvagità durante la crescita, la nostra natura diventa ancora più maligna. Il male relativo alla nostra natura originaria non viene rivelato circostanze normali, ed è abbastanza difficile da comprendere.

Tutto questo significa che, se ci siamo liberati dei peccati e del male evidente sulla superficie, estirpare il male che si trova nel profondo della nostra natura non sarà una cosa molto facile da fare. Ecco perché dobbiamo pregare con ardore e sforzarci di trovare, ed estirpare, anche la natura malvagia che abbiamo ereditato.

Spesso succede che, arrivati a un certo punto, la nostra crescita spirituale si arresti proprio a causa del male nella nostra natura. Per rimuovere le erbacce, il contadino estirpa le radici e non solo le foglie o gli steli. Allo stesso modo, il nostro cuore sarà un cuore di spirito solo dopo aver individuato, ed estirpato, la radice del male intrinseca nella nostra natura. Allora saremo una persona di spirito, allora la nostra coscienza sarà veritiera, e il nostro cuore riempito solo di verità. Allora il nostro cuore sarà il nostro spirito.

Le tracce della carne

Gli uomini di spirito non hanno alcun male nel cuore, e dal momento che sono pieni dello Spirito Santo, sono sempre felici.

Ciononostante, non è detto che siano uno spirito completo. Hanno ancora "tracce di carne". Le tracce di carne sono correlate con le caratteristiche personali o con la natura originale di ogni persona. Per esempio, ci sono persone che sono naturalmente semplici, veritiere e giuste, ma mancano di generosità e compassione. Altri potrebbe essere amorevoli e generosi, ma anche troppo emotivi e a volte potrebbero comportarsi in modo scortese.

Poiché queste caratteristiche rimangono come tracce di carne nella personalità, hanno il loro effetto sullo spirito, anche se si è stati trasformati. Per fare un esempio semplice, queste tracce di carnalità sono un po' simili alle vecchie macchie che a volte si depositano sui vestiti. A volte, pure lavando con vigore un capo, non riusciamo a pulire via l'alone di una macchia. Sebbene queste siano solo tracce, dobbiamo comunque liberarcene e al loro posto collocare i nove frutti dello Spirito, in modo che riempiano ogni spazio. Un cuore privo di falsità è come un terreno ben coltivato, è lo "spirito". Quando, dopo aver seminato in cuore così pulito, esso produce del buon frutto, allora questo cuore è uno "spirito completo".

Quando il re Davide andò in spirito, Dio permise che una prova lo vagliasse. Un giorno Davide ordinò a Ioab di fare un censimento, o meglio, di fare il conto di quanti uomini potevano essere arruolati, vale a dire di conteggiare il potenziale da guerra. Ioab sapeva che questo non era giusto agli occhi di Dio, e cercò di dissuadere Davide, ma lui non lo volle ascoltare. Di conseguenza, l'ira di Dio venne sul paese e tante persone morirono di peste.

Davide conosceva perfettamente la volontà di Dio, come aveva potuto lasciare che una cosa del genere accadesse? Davide si era dovuto nascondere da Saul - quando era ancora re - per lungo tempo, aveva combattuto in molte battaglie contro i pagani, fu addirittura inseguito e minacciato da uno dei suoi figli. Erano ormai passati molti anni, il suo potere politico era solido, la potenza della nazione su cui regnava era cresciuta, era a suo agio, e per questo, stava assumendo un atteggiamento lassista. A un certo punto, si sentì arrivato, e voleva vantarsi, per questo decise di fare il censimento.

Ma, Esodo 30:12 dice: *"Quando farai il conto dei figli d'Israele, facendo il censimento, ognuno di essi darà al Signore il riscatto della propria vita, quando saranno contati; perché non siano colpiti da qualche piaga, quando ne farai il censimento"*. Dio comandò una sola volta ai figli di Israele di fare un censimento, fu dopo l'Esodo, perché c'era la necessità di organizzare un numero immenso di persone. Ognuno di loro portò un riscatto al Signore, perché ricordassero che la vita di ognuno esisteva grazie alla protezione di Dio. Serviva a ricordare loro di restare umili. Fare un censimento non è un peccato in sé, se fatto quando necessario e non solo per misurare il proprio potere nel regnare su un grande numero di persone.

Davide, in ogni caso, decise di indagare, di elaborare i numeri e fece un censimento, che non gli era stato richiesto da Dio. In sostanza Davide voleva sapere quanti uomini aveva a disposizione, il numero dei soldati, verificare forza della sua nazione. Nel suo cuore si stava affidando alla forza umana, sugli uomini piuttosto che su Dio. Quando Davide comprese il suo errore, si pentì subito, ma ormai era tardi. Su tutte le terre di Israele dilagò la peste, che fece strage: 70.000 morirono sul colpo.

Naturalmente, la causa di così tante persone che muoiono nello stesso momento non va ricercata solo nell'arroganza di Davide. Un re può condurre un censimento in qualsiasi momento, e la sua intenzione non essere peccaminosa. Pertanto, da un certo punto di vista, umano, non si può dire che Davide abbia peccato. Ma agli occhi del Dio perfetto, che conosce il cuore di tutti, Davide aveva peccato di grande arroganza, spostando la sua fiducia di re sull'uomo.

Ci sono alcune cose che non sono considerate malvagie agli occhi degli uomini ma che lo sono agli occhi di Dio, che è perfetto. Queste sono le "tracce di carne" che emergono dopo la santificazione. Dio permise una prova sulla terra d'Israele per mezzo di Davide, al fine di renderlo ancora più perfetto, di eliminare da lui ogni traccia di carnalità.

La ragione fondamentale per cui la peste colpì la terra di Israele sono i peccati del popolo, che avevano suscitato l'ira di Dio. In 2 Samuele 24:1 si legge: *"Il Signore si accese di nuovo d'ira contro Israele, e incitò Davide contro il popolo, dicendo: «Va' e fa' il censimento d'Israele e di Giuda»"*.

Le brave persone che potevano essere salvate non subirono la punizione della morte durante la peste. Quelli che sono morti erano quelli che avevano commesso i peccati, che non erano graditi a Dio. Davide pianse tanto e si pentì amaramente davanti a tutto quel dolore e ai morti per causa sua. Per mezzo di un singolo episodio, Dio aveva operato due volte: punito il popolo peccatore e al tempo stesso, stava raffinando Davide.

Dopo la punizione e il pentimento, il Signore permise a Davide di offrire un sacrificio per il peccato presso la piana di Arauna. Davide fece ciò che Dio gli aveva detto di fare. Prese quel luogo e cominciò a preparare la costruzione del Tempio. Davide recuperò la grazia di Dio, e, alla fine di questo processo, egli ne uscì umile e più vicino ad essere uno spirito completo.

Gli elementi che dimostrano che il nostro spirito è completo

Se raggiungiamo il livello di spirito completo, ci saranno Gli elementi che lo dimostreranno, il che significa che produrremo abbondanti frutti dello spirito. Questo non significa che non porteremo alcun frutto fino a quando non raggiungeremo il livello di spirito completo. Gli uomini di spirito producono frutti spirituali di amore e di luce, i nove frutti dello Spirito Santo e le Beatitudini. Poiché sono ancora in una fase di germoglio, i frutti che producono non sono ancora completi. Ogni uomo di spirito ha un livello diverso di produzione di frutti spirituali.

Ad esempio, se si obbedisce ai comandamenti di Dio, ai vari "osserva" e "liberati", non avremo alcun odio o rancore, non importa quale sia la situazione in cui troviamo. Le differenze sussistono nella misura in cui si obbedisce, diversa l'intensità dell'ubbidienza, diverso il frutto. Per esempio, Dio ci dice di amare il nostro prossimo. Ora, amare va dal livello in cui semplicemente non si odia, allo stato in cui, si scioglie il cuore degli altri, fino al livello in cui si può anche dare la vita per gli altri. Quando questo tipo di azione non cambia e resta perfetta, possiamo dire di aver coltivato tutto lo spirito.

Ci sono anche differenze tra ciascuno nella misura in cui si producono i frutti dello Spirito Santo. In caso di uomini di spirito, alcuni portano frutto al 50% e altri al 70%. Si può essere ricchi di amore, ma privi di autocontrollo, pieni di fede ma poveri di mitezza.

Gli uomini dallo spirito completo, però, portano ogni frutto dello Spirito Santo, al meglio della misura. Lo Spirito Santo si muove e controlla il loro cuore al 100%, in modo da avere l'armonia in tutte le cose, senza mancare in nulla. Hanno la passione ardente per il Signore, pur avendo un perfetto autocontrollo, si comportano in modo adeguato in ogni situazione.

Sono dolci e miti come un batuffolo di cotone, e tuttavia mantengono la dignità e l'autorità di un leone. Sono pieni di amore e cercano il bene degli altri in tutte le cose, sacrificando anche la propria vita per il prossimo, ma non hanno alcun pregiudizio. Obbediscono alla giustizia di Dio anche quando viene chiesto loro di fare qualcosa di impossibile, con "sì" e "amen".

All'esterno, gli atti di obbedienza sia per gli uomini di spirito che per quelli dallo spirito intero sembrano gli stessi, ma in realtà, sono diversi. Gli uomini di spirito obbediscono perché amano Dio, mentre gli uomini di tutto lo spirito obbediscono comprendendo il cuore profondo e l'intenzione di Dio. Gli uomini dallo spirito intero sono diventati figli di Dio veri che hanno il suo cuore, dopo aver raggiunto la piena misura di Cristo in ogni aspetto. Essi si prefiggono la santificazione in tutto, in pace con tutti i credenti, in tutta la casa di Dio.

1 Tessalonicesi 4:3 dice: *"Perché questa è la volontà di Dio: che vi santifichiate, che vi asteniate dalla fornicazione..."* e in 1 Tessalonicesi 5:23 dice: *"Or il Dio della pace vi santifichi egli stesso completamente; e l'intero essere vostro, lo spirito, l'anima e il corpo, sia conservato irreprensibile per la venuta del Signore nostro Gesù Cristo"*.

La "venuta del Signore nostro Gesù Cristo" significa che Egli tornerà a prendere i suoi figli prima dei sette anni della Grande Tribolazione. Significa che dobbiamo raggiungere il livello di spirito e preservare noi stessi integri per incontrare il Signore prima che questo accada. Una volta che siamo uomini e donne di spirito completo, la nostra anima e il nostro corpo appartengono allo spirito e, essendo senza colpa, saremo in grado di ricevere il Signore.

Benedizioni elargite agli uomini di spirito e a quelli di spirito completo

L'anima dell'uomo di spirito prospera, così come tutte le altre sue cose (3 Giovanni 1:2). Essendosi liberati dalla malvagità presente nel profondo del loro cuore, gli uomini di spirito sono santi, figli di Dio in senso vero. Essi godono di autorità spirituale come i figli della Luce.

In primo luogo, gli uomini di spirito, godono di buona salute e non soffrono di nessuna malattia. Quando iniziamo a vivere nello spirito, Dio ci protegge da malattie e incidenti e godiamo di una vita sana. Anche se diventiamo anziani, non invecchiamo e non diventano deboli, avremo anche poche rughe. Non solo, gli uomini di spirito completo non le hanno proprio le rughe, ringiovaniscono e recuperano le loro forze.

Quando Abramo superò la prova di offrire Isacco, divenne un uomo di spirito completo, e generò figli anche dopo aver raggiunto l'età di 140 anni. Questo significa che non solo stava bene ma che era ringiovanito. Mosè l'uomo più umile e mite di chiunque altro sulla faccia della terra, che aveva lavorato energicamente come pastore per 40 anni, dopo aver ricevuto la chiamata di Dio, all'età di 80 anni, e anche dopo, a120 anni, aveva un vigore da ragazzo e una vista perfetta (Deuteronomio 34:7).

In secondo luogo, nel cuore degli uomini di spirito non vi è il male, e per questo motivo, il nemico, il diavolo, Satana non può infliggere prove o difficoltà su di loro. 1 Giovanni 5:18 dice: *"Noi sappiamo che chiunque è nato da Dio non* *persiste nel peccare; ma colui che nacque da Dio lo protegge, e il maligno non lo tocca*". Il diavolo, Satana, il nemico, può accusare solo gli uomini di carne e portare prove e difficoltà sulla loro strada.

All'inizio del racconto, Giobbe, non si era ancora liberato della sua natura malvagia, e infatti, quando Satana lo accusò davanti a Dio, Egli permise di provarlo. Giobbe comprese il suo errore e si pentii, proprio mentre stava attraversando le prove causate dalle accuse di Satana. Dopo essersi liberato anche del male della sua natura, divenne un uomo di spirito, tanto che Satana non poté più accusarlo. Ecco perché Dio lo benedisse con una doppia porzione di ciò che Giobbe possedeva in precedenza.

In terzo luogo, gli uomini di spirito sentono chiaramente la voce dello Spirito Santo, ricevono la sua guida, e questo li conduce sulla via della prosperità, in tutte le cose. Agli uomini di spirito, il cuore stesso è cambiato in verità, e questo consente loro di vivere realmente la Parola di Dio. Essi ricevono la chiara spinta dello Spirito Santo e obbedirle. Qualunque cosa facciano è in accordo con la verità. Inoltre, se essi pregano che accada qualcosa, lo fanno con fede immutabile e ottengono la risposta alle loro preghiere.

Se siamo obbedienti in questo modo, Dio ci guiderà con saggezza e comprensione. Se lasciamo tutto completamente nelle mani di Dio, Egli ci proteggerà, anche se erroneamente facciamo qualcosa che non è in accordo con la sua volontà, anche se cadiamo in un tranello, Egli tutelerà i nostri passi.

In quarto luogo, gli uomini di spirito ricevono rapidamente tutto quello che chiedono, a volte ricevono risposte anche semplicemente ospitando un desiderio nel cuore. In 1 Giovanni 3:21-22 si legge: *"Carissimi, se il nostro cuore non ci condanna, abbiamo fiducia davanti a Dio; e qualunque cosa chiediamo la riceviamo da lui, perché osserviamo i suoi comandamenti e facciamo ciò che gli è gradito"*. Ecco, questa è la benedizione elargita sugli uomini di spirito intero.

Capitolo 2

Il piano originale di Dio

Dio non voleva che Adamo vivesse per sempre senza conoscere la vera felicità, la gioia, la gratitudine e l'amore. Per questo motivo Egli ha posto l'albero della conoscenza del bene e del male nel giardino, in modo che Adamo avrebbe potuto provare anche tutte le cose carnali.

Perché Dio non ha creato gli uomini come spirito?

L'importanza del libero arbitrio e del tenere a mente

Lo scopo per cui gli esseri umani sono stati creati

Dio vuole ricevere gloria dai veri figli

La coltivazione umana è un processo attraverso il quale gli uomini di carne vengono riportati di nuovo allo stato di uomini di spirito. Se frequentate una chiesa senza aver compreso questo fatto fondamentale, sappiate che non ha alcun senso. Ci sono molte persone che vanno in chiesa, ma non sono nate di nuovo, dallo Spirito Santo, e quindi non hanno la certezza della salvezza. Lo scopo di condurre una vita nella fede cristiana non è solo quello di ricevere la salvezza, ma è anche quello di recuperare l'immagine di Dio, condividere il nostro amore con Lui e dargli gloria, per sempre, in qualità di suoi veri figli.

Ora, qual è l'intenzione originale di Dio nella creazione di Adamo come spirito vivente e nella conduzione della coltivazione degli uomini su questa terra? Genesi 2:7-8 dice: *"Allora Dio formò l'uomo dalla polvere della terra, gli soffiò nelle narici un alito vitale e l'uomo divenne un'anima vivente. Dio il Signore piantò un giardino in Eden, a oriente, e vi pose l'uomo che aveva formato"*.

Dio creò il cielo e la terra per lo più con la sua Parola. Ma, nel caso dell'uomo, lo plasmò con le proprie mani, a differenza dell'esercito celeste e degli angeli del cielo, che sono stati tutti creati come spiriti. Infatti, anche se era previsto che l'uomo avrebbe anche vissuto in cielo, era chiaro che Adamo fosse una creatura diversa. Qual è la ragione per cui Dio ha intrapreso un processo così complicato per creare l'uomo dalla polvere della terra? Perché non l'ha semplicemente creato come uno spirito? È in questa semplice domanda che si racchiude tutto il significato del piano speciale di Dio per l'uomo.

Perché Dio non ha creato gli uomini come spirito?

Se Dio avesse creato gli uomini non dalla polvere da terra, ma solo come spirito, gli uomini non sarebbe stati in grado di provare nulla della carne. Se fossero stati creati solo come spirito, avrebbero obbedito alla Parola di Dio e non avrebbero mai mangiato del frutto dell'albero della conoscenza del bene e del male. La caratteristica del suolo è tale che esso può essere modificato in base a ciò con cui viene miscelato. Il motivo per cui Adamo era potenzialmente corruttibile, nonostante il fatto che si trovasse in uno spazio spirituale, è perché era stato creato dalla polvere della terra. Questo però non vuol dire che fosse corrotto fin dall'inizio.

Il Giardino dell'Eden è uno spazio spirituale, ricolmo dell'energia di Dio, e quindi, era impossibile che Satana potesse impiantare gli attributi della carne nel cuore di Adamo. Avendo però Dio consegnato ad Adamo il libero arbitrio, fu lui che accettò la carne, perché, sebbene fosse uno spirito vivente, la carne poteva attecchire nel suo essere se Adamo l'avesse volontariamente accettata. Molto tempo era passato dal giorno della creazione, quando Adamo aprì il suo cuore verso la tentazione di Satana e, accettò la carne.

In realtà, la ragione per cui Dio consegnò il libero arbitrio agli uomini, è, in primo luogo, per la coltivazione umana. Se Dio non avesse dato il libero arbitrio ad Adamo, Adamo non avrebbe mai accettato la carne, il che significa, che la coltivazione umana non avrebbe mai avuto luogo. Nella provvidenza di Dio per l'umanità, la coltivazione umana doveva aver luogo, e nella Sua onniscienza, Dio non ha creato Adamo come un essere solo spirituale.

L'importanza del libero arbitrio e del tenere a mentee

Genesi 2:17 racconta: *"...ma dell'albero della conoscenza del bene e del male non ne mangiare; perché nel giorno che tu ne mangerai, certamente morirai"*. Come spiegato, nell'atto di creare Adamo dalla polvere da terra e nel donargli il libero arbitrio, comprendiamo la profondità della provvidenza di Dio per l'uomo. Tutto era per la coltivazione umana, in modo che gli esseri umani, dopo aver attraversato il processo di coltivazione, potessero diventare veri figli di Dio.

Uno dei motivi per cui il peccato entrò in Adamo fu proprio il suo libero arbitrio. L'altro fu che Adamo non tenne la parola di Dio nella sua mente. Perché la sua Parola sia sempre nella nostra mente, occorre che essa venga incisa sul nostro cuore, e che sia osservata e messa in pratica senza modifiche, letteralmente.

Alcune persone continuano a fare gli stessi identici sbagli, mentre altri non commettono lo stesso errore due volte. La differenza tra questi due comportamenti sta nel tenere in mente o meno qualcosa. Il peccato è entrato in Adamo perché lui aveva sottovalutato l'importanza del tenere la Parola di Dio nella sua mente. D'altra parte, quando manteniamo nella nostra mente e mettiamo in pratica la Parola di Dio, siamo riportati allo stato dello spirito. Questo è il motivo per cui è importante mantenere la Parola di Dio nella nostra mente.

Per coloro il cui spirito era morto a causa del peccato originale, se accettano Gesù Cristo e ricevono lo Spirito Santo, il loro spirito da morto torna in vita. Da questo momento in poi, se mantengono la Parola di Dio nella mente e la praticano nella vita, il loro spirito per mezzo dello Spirito Santo resterà vivo. Essi saranno in grado di raggiungere rapidamente la crescita spirituale. Mantenere la Parola di Dio nella mente e metterla in pratica senza apportare modifiche, gioca un ruolo molto importante nel recupero dello spirito.

Lo scopo per cui gli esseri umani sono stati creati

Ci sono molti esseri spirituali in cielo, come gli angeli ad esempio, che obbediscono tutto il tempo a Dio, ma, che a parte alcuni casi molto particolari, non hanno umanità. Non possiedono il libero arbitrio e pertanto non sono in grado di scegliere con chi condividere il loro amore. Questo è il motivo per cui Dio creò il primo uomo, Adamo, come un essere con il quale poteva condividere il suo vero amore.

Solo per un attimo, immaginate Dio mentre plasma Adamo. Immaginate la sua felicità, nel plasmargli le labbra, da cui desiderava venissero le lodi, nel fargli le orecchie, che sarebbero servite per ascoltare la Sua voce e i suoi occhi, con i quali avrebbe visto e percepito la bellezza di tutte le cose che Dio aveva creato per lui.

Lo scopo della creazione degli esseri umani era quello di ricevere da loro lode e gloria e di condividere con loro l'amore. Egli desiderava che i figli che si era creato condividessero con Lui la bellezza di tutte le cose dell'universo e del cielo. Voleva godere con loro, per sempre, della felicità.

Nel libro dell'Apocalisse leggiamo dei figli di Dio, i redenti, che lodano e adorano davanti al trono di Dio per l'eternità. Quando arrivano in Paradiso, il luogo è così bello e pieno di gioia che non possono fare a meno di lodare Dio e di adorarlo dal profondo del loro cuore, per la sua provvidenza, così imperscrutabile e misteriosa.

Gli uomini sono stati creati come spirito vivente, ma poi, con il peccato, sono diventati uomini di carne. Però, se dopo aver sperimentato ogni sorta di gioia, rabbia, amore e dolore, tornano a Dio, tornano ad essere di nuovo uomini di spirito, diventando dei veri figli di Dio che gli esprimono amore, gratitudine e gloria dal profondo del loro cuore.

Quando Adamo viveva nel Giardino dell'Eden, non poteva essere considerato un vero figlio di Dio. Dio gli aveva insegnato la bontà e la verità, ma in questo modo, lui non conosceva il peccato e il male. Non aveva idea di cosa fossero l'infelicità e il dolore. Il Giardino dell'Eden è uno spazio spirituale, per cui, non esistono né il deterioramento né la morte, e, per questo motivo, Adamo non ne conosceva il significato.

Sebbene Adamo avesse conosciuto e vissuto in grande abbondanza e ricchezza, non riusciva a comprendere, a sentire, la vera felicità, la gioia, o la gratitudine. Non era mai stato infelice, come poteva desiderare, e quindi conoscere, la felicità? Non sapeva che cosa fosse l'odio, e di contro, non conosceva il vero amore. Dio non voleva che Adamo vivesse per sempre senza conoscere la vera felicità, la gioia, la gratitudine e l'amore. Questo è il motivo per cui Egli ha posto l'albero della conoscenza del bene e del male nel Giardino dell'Eden, così Adamo, avrebbe, eventualmente, provato la carne.

Quando coloro che hanno sperimentato il mondo carnale tornano allo status di figli di Dio, quasi tutti comprendono quanto è buono lo spirito e come è preziosa la verità, rendono grazie a Dio per la vita eterna. Non mettono più in dubbio la bontà di Dio, questionando sul fatto che abbia posto l'albero nel giardino, ma, piuttosto, rendono grazie e gloria a Dio per aver dato il Suo unigenito Figlio Gesù per salvare l'umanità.

Dio vuole ricevere gloria dai veri figli

Dio sta coltivando l'umanità non solo per guadagnarsi dei veri figli, ma anche per ricevere da loro gloria. Isaia 43:7 dice: *"...tutti quelli cioè che portano il mio nome, che io ho creati per la mia gloria, che ho formati, che ho fatti..."*, e 1 Corinzi 10:31: *"Sia dunque che mangiate, sia che beviate, sia che facciate qualche altra cosa, fate tutto alla gloria di Dio"*.

Dio è l'Iddio dell'amore e della giustizia. Egli non solo ha preparato il cielo e la vita eterna per noi, ma ha anche dato il suo unico Figlio per salvarci. Dio è certamente degno di ricevere la gloria anche solo per questo fatto. Ciò che Egli desidera veramente non è solo ricevere gloria, ma, la ragione ultima per cui Dio vuole ricevere la gloria, è di glorificare quelli che lo glorificano: Giovanni 13:32 dice: *"...Se Dio è glorificato in lui, Dio lo glorificherà anche in sé stesso e lo glorificherà presto"*.

Quando Dio riceve gloria attraverso di noi, Egli ci elargisce benedizioni traboccanti su questa terra, oltre alla gloria eterna quando saremo nel regno dei cieli. 1 Corinzi 15:41 dice: "Altro è lo splendore del sole, altro lo splendore della luna, e altro lo splendore delle stelle; perché un astro è differente dall'altro in splendore".

Questo passaggio parla delle differenze tra le dimore e della gloria di cui ogni redento godrà nel regno dei cieli. Le dimore celesti e la gloria saranno distribuite in base a quanto abbiamo gettato via il peccato da noi, al nostro cuore puro e santo e a come serviamo fedelmente il regno di Dio. Una volta che la gloria della dimora celeste vi verrà data, non vi verrà mai ripresa.

Dio ha creato gli uomini per guadagnarsi dei veri figli che appartengono allo spirito. Il piano originale di Dio per gli uomini era che, di loro spontanea volontà, scegliessero di liberarsi della carne e dell'anima che appartengono alla falsità per essere trasformati in uomini di spirito e di spirito completo. Questa intenzione originaria di Dio nel creare e coltivare gli esseri umani, è rispettata attraverso quelle persone che diventano uomini di spirito e di spirito completo.

Quante persone pensi che oggi vivano una vita degna dello scopo originale della creazione? Se noi umani comprendessimo davvero lo scopo di Dio nel creare gli uomini, non avremmo remore a recuperare l'immagine di Dio che è andata persa a causa del peccato di Adamo. Vorremmo vedere, ascoltare e parlare solo nella verità, e tutti i nostri pensieri e tutte le nostre azioni sarebbero sante e perfette. Questo significa diventare veri figli di Dio, che gli recano una gioia ancora più grande della gioia che Dio ha avuto dopo la creazione del primo uomo, Adamo. Questi veri figli di Dio potranno godere di una gloria celeste che non può nemmeno essere paragonata con la gloria che lo spirito vivente, Adamo, viveva nel Giardino dell'Eden!

Capitolo 3
Il vero essere umano

Dio ha creato l'uomo a sua immagine.
La sua volontà è che noi recuperiamo questa immagine
e partecipiamo alla natura divina.

Il dovere degli uomini

Dio camminava con Enoch

Abramo l'amico di Dio

Mosè amava il suo popolo più della sua stessa vita

L'apostolo Paolo appare come Dio

Li chiamò dei

Se osserviamo e pratichiamo la Parola di Dio, possiamo recuperare il cuore dello spirito riempito con la conoscenza della verità, come quello che aveva Adamo, quando era uno spirito vivente, prima del peccato. Il dovere degli uomini è quello di recuperare l'immagine di Dio che è andata persa a causa del peccato di Adamo, e di partecipare della Sua natura divina. Nella Bibbia, tutti coloro che hanno ricevuto la Parola di Dio, che l'hanno diffusa, che hanno parlato delle cose segrete di Dio, che hanno manifestato la sua potenza, sono sempre stati considerati tanto nobili che anche i re si sono inchinati davanti a loro. Questo è successo perché erano i veri figli di Dio che è l'Altissimo (Salmo 82:6).

Una notte, Nabucodonosor, il re di Babilonia, ebbe un sogno che lo rese molto ansioso. Chiamò i maghi e i Caldei sperando che potessero interpretarlo, senza però raccontare il sogno. Nessuno poteva. Questa era una cosa possibile solo a Dio che non vive in un corpo umano.

Ora, Daniele, che era un uomo di Dio, chiese al re di concedergli del tempo per poter interpretare il suo sogno. Dio mostrò a Daniele le cose segrete durante una visione notturna. Così, Daniele si presentò davanti al re, gli raccontò il sogno e gli consegnò l'interpretazione. Allora, il re Nabucodònosor si prostrò con la faccia a terra e rese omaggio a Daniele, diede ordine di portargli un'offerta e dell'incenso profumato. Dopo di che, rese gloria all'Iddio di Daniele.

Il dovere degli uomini

Re Salomone fu il sovrano che più di chiunque altro, godé di splendore e ricchezza. Consolidatosi sulla base del regno unito che suo padre, Davide, aveva stabilito, la potenza del suo paese crebbe e divenne così forte che molti dei paesi confinanti gli pagavano i tributi. Il regno di Israele conobbe il suo culmine durante il periodo in cui fu governato proprio da Salomone (1 Re 10).

Con il passare del tempo, però, Salomone dimenticò la grazia di Dio, convincendosi che la potenza e la ricchezza che lo circondavano erano frutto del suo operato, e non dell'Eterno. Trascurò la Parola di Dio e violò il comando divino che vietava di sposarsi con donne pagane. Non solo, si prese un numero impressionante di concubine, pagane, durante gli ultimi anni della sua vita, costruendo loro dei luoghi dove potessero adorare le loro divinità.

Dio lo avvertì per ben due volte di non seguire altri dèi, ma Salomone ignorò il monito. Infine, l'ira di Dio scese su Israele e nel giro di una generazione la nazione si divise in due regni.

Salomone poteva allungare la mano e prendere qualsiasi cosa desiderava, eppure, verso i suoi ultimi giorni dichiarava: *"Vanità delle vanità, vanità delle vanità! Tutto è vanità!"*, (Ecclesiaste 1:2).

Si rese conto che le cose di questo mondo non hanno senso, e per questo, scrisse: *"Ascoltiamo dunque la conclusione di tutto il discorso: Temi Dio e osserva i suoi comandamenti, perché questo è il tutto dell'uomo"* (Ecclesiaste 12:13). Il dovere dell'uomo è di temere Dio e osservare i Suoi comandamenti.

Che cosa significa? Temere Dio è odiare il male (Proverbi 8:13). Coloro che amano Dio, estirpano il male dal loro cuore e osservano i suoi comandamenti. In questo modo adempiono al loro dovere. Possiamo dichiarare di essere uomini e donne completi quando coltiviamo il nostro cuore per recuperare l'immagine di Dio. Ora, approfondiamo la vita di alcuni patriarchi e di alcuni uomini di vera fede in cui Dio si è compiaciuto.

Dio camminava con Enoch

Enoch camminò con Dio per trecento anni, dopodiché, fu preso in cielo, vivo. Il salario del peccato è la morte, e il fatto che Enoch sia stato assunto in cielo senza vedere la morte è una prova che Dio gli ha riconosciuto di essere senza peccato. Coltivava un cuore puro e senza macchia, che somigliava al cuore di Dio. Ecco perché Satana non poteva accusarlo di nulla quando Dio decise di prenderselo vivo.

Genesi 5:21-24 lo racconta così: *"Enoc visse sessantacinque anni e generò Metusela. Enoc, dopo aver generato Metusela, camminò con Dio trecento anni e generò figli e figlie. Tutto il tempo che Enoc visse fu di trecentosessantacinque anni. Enoc camminò con Dio; poi scomparve, perché Dio lo prese"*.

"Camminò con Dio" significa che Dio è con quella persona tutto il tempo, ogni attimo della sua esistenza. Enoc visse per volontà di Dio trecento anni e Dio era con lui ovunque andasse.

Dio è luce, bontà e amore. Per camminare con Dio che è così, nel nostro cuore non ci deve essere oscurità, piuttosto occorre che sia pieno di bontà e di amore. Enoch visse in un mondo di peccato, ma si mantenne puro, portando anche il messaggio di Dio per il mondo. Giuda 1:14 dice, *"Anche per costoro profetizzò Enoc, settimo dopo Adamo, dicendo: Ecco, il Signore è venuto con le sue sante miriadi..."*. Quindi, da questo conosciamo che Enoc profetizzava e, lasciò alla sua generazione il messaggio della seconda venuta del Signore e del Giudizio.

La Bibbia non parla delle grandi conquiste di Enoch, o delle cose straordinarie da lui compiute per l'Eterno. Però, Dio lo ha amato tanto perché Enoch lo venerava e perché visse una vita santa, fuggendo ogni male. Per questo Dio se lo è preso con se in "giovane età". La gente a quel tempo viveva anche più di 900 anni, mentre lui ne aveva "solo" 365 quando fu preso. Era ancora un uomo giovane e vigoroso.

Ebrei 11:5 dice: *"Per fede Enoc fu rapito perché non*

vedesse la morte; e non fu più trovato, perché Dio lo aveva portato via; infatti prima che fosse portato via ebbe la testimonianza di essere stato gradito a Dio".

Ancora oggi, Dio desidera che noi viviamo una vita santa e pia e che il nostro cuore sia puro e senza macchie, in modo che Egli può camminare con noi tutto il tempo.

Abramo l'amico di Dio

Dio ha voluto e creato l'uomo per avere dei veri figli, uomini e donne come Abramo, il "padre della fede". Abramo fu chiamato "fonte di benedizione" e "l'amico di Dio". Un amico è una persona di cui ci si può fidare e con cui condividere i segreti. Naturalmente, c'è voluto del tempo perché Abramo potesse ottenere la piena fiducia di Dio. Ma, come ha fatto Abramo ad avvicinarsi così tanto all'Eterno tanto da essere ricordato come "il" suo amico?

Abramo obbedì, con "sì" e "amen". Quando ricevette la chiamata di Dio che gli ordinava lasciare la sua città natale, Abramo obbedì, partì, si mise in viaggio, senza sapere dove stava andando. Non solo, Abramo cercava il bene del suo prossimo e perseguiva la pace. Viveva con suo nipote Lot e, quando si muovevano, dava al nipote il diritto di scegliere la terra in cui insediarsi, sebbene in quanto zio e maggiore di età, fosse un diritto che gli apparteneva.

Abramo in Genesi 13:9 dice: *"Tutto il paese non sta forse*

davanti a te? Ti prego, sepàrati da me! Se tu vai a sinistra, io andrò a destra; se tu vai a destra, io andrò a sinistra".

Il cuore di Abramo era bellissimo, e per questo Dio gli fece una promessa di benedizione, come possiamo leggere in Genesi 13:15-16: *"Tutto il paese che vedi lo darò a te e alla tua discendenza, per sempre. E renderò la tua discendenza come la polvere della terra; in modo che, se qualcuno può contare la polvere della terra, potrà contare anche i tuoi discendenti".*

Un giorno, una forza congiunta di diversi re, attaccò Sodoma e Gomorra, dove Lot, il nipote di Abramo, viveva. Prevalsero sulle città ricavandone un grande bottino, e catturarono, come prede di guerra, anche le persone. Abramo prese 318 tra i suoi uomini, quelli addestrati, nati in casa sua, e andò all'inseguimento di questo esercito fino a Dan. Recuperò tutto il bottino e anche le persone che erano state catturate, tra cui anche Lot e la sua famiglia, le donne, e il popolo.

Il re di Sodoma, per ringraziare Abramo di quello che aveva fatto, gli consegnò tutto il bottino che aveva recuperato, ma Abramo disse: *"...non avrei preso neppure un filo, né un laccio di sandalo, di tutto ciò che ti appartiene; perché tu non abbia a dire: Io ho arricchito Abramo"* (Genesi 14:23). Non era ingiusto prendere qualcosa dal re, ciononostante, Abramo rifiutò l'offerta per dimostrare che tutti i suoi beni materiali venivano solo da Dio. Abramo cercava solo la gloria di Dio con un cuore puro e privo di desideri egoistici. Per questo l'Eterno lo ha benedetto abbondantemente.

Quando Dio comandò ad Abrahamo di sacrificare suo figlio Isacco come offerta di olocausto, lui obbedì immediatamente, perché si fidava di Dio, sapeva che Egli può far resuscitare i morti. Infine, Dio, stabilì Abramo come padre della fede, dicendo: *"...io ti colmerò di benedizioni e moltiplicherò la tua discendenza come le stelle del cielo e come la sabbia che è sul lido del mare; e la tua discendenza s'impadronirà delle città dei suoi nemici. Tutte le nazioni della terra saranno benedette nella tua discendenza, perché tu hai ubbidito alla mia voce"* (Genesi 22:17-18). Inoltre, Dio gli promise che il Figlio di Dio, Gesù, che avrebbe salvato l'umanità, sarebbe nato dalla sua discendenza.

Giovanni 15:13 dice: *"Nessuno ha amore più grande di quello di dare la sua vita per i suoi amici"*. Abramo era disposto a offrire la vita del suo unico figlio Isacco, ch'egli considerava ancora più preziosa della sua stessa vita, esprimendo così il suo amore per Dio. Dio stabilì Abramo come esempio di coltivazione umana, chiamandolo "amico" per la sua grande fede e l'amore che provava per Lui.

Dio è onnipotente, Egli può fare qualsiasi cosa e darci qualsiasi cpsa. Egli benedice i suoi figli e concede risposte alle loro preghiere di pari passo alla trasformazione che la verità opera nella loro vita durante la coltivazione umana, in modo che possano sentire l'amore di Dio e ringraziarlo per le Sue benedizioni.

Mosè amava il suo popolo più della sua stessa vita

Quando era principe d'Egitto, Mosè ucciso un egiziano per difendere un uomo del suo popolo. Per questo dovette fuggire dal palazzo del faraone. Da allora in poi visse nel deserto come pastore pascolando il gregge per quaranta anni.

La posizione sociale di Mosè era quella di un umile pastore che pascolava il gregge nel deserto di Madian. Dovette rinunciare a tutto il suo orgoglio e alla sua giustizia, a tutto quello a cui era stato abituato come principe d'Egitto. Dio apparve a questo umile Mosè e gli affidò il compito di condurre i figli di Israele fuori dall'Egitto. Mosè rischiò la sua vita per farlo, ma obbedì e si presentò davanti al Faraone.

Se si considera il comportamento dei figli di Israele, possiamo vedere quanto fosse grande il cuore di Mosè quando ha accettato e abbracciato quella moltitudine di uomini e donne. Quando il popolo si trovò in difficoltà, mormorò contro Mosè e, addirittura, cercò di lapidarlo.

Quando non aveva acqua, si lamentavano che erano assetati. Quando c'era l'acqua, si lamentavano di non avere cibo. Quando Dio diede loro la manna dal cielo, si lamentavano che non avevano carne, bramando le cose gustose che mangiavano in Egitto, umiliando la manna, dicendo che era un cibo miserabile.

Dio si stancò di questo popolo e, non appena nascose il suo volto da loro, i serpenti del deserto arrivarono per morderli. Eppure, ancora una volta, il popolo fu salvato perché Dio ascoltò la preghiera di Mosè. La gente sapeva che Dio era con Mosè da molto tempo, eppure non ci pensarono due volte a costruirsi un vitello d'oro da adorare non appena non lo ebbero a vista d'occhio. Non solo, il popolo si fece anche ingannare dalle donne pagane, commettendo così adulterio e adulterio spirituale. Mosè pregò Dio con le lacrime a nome del popolo, donando la sua vita come garanzia per il loro perdono, sebbene si fossero dimenticati della grazia che avevano ricevuto.

In Esodo 32:31-32 si legge:

> *"Mosè dunque tornò al Signore e disse: «Ahimè, questo popolo ha commesso un grande peccato e si è fatto un dio d'oro; nondimeno, perdona ora il loro peccato! Se no, ti prego, cancellami dal tuo libro che hai scritto!»"*

Cancellare il suo nome dal libro significava non essere stato salvato, soffrire nel fuoco eterno dell'inferno, che è la morte eterna. Mosè conosceva questo fatto molto bene, ma avrebbe preferito che il popolo fosse perdonato, anche sacrificando se stesso in questo modo.

Cosa pensate che Dio abbia sentito vedendo Mosè pregarlo così? Mosè, che aveva compreso il cuore di Dio profondamente, sapeva che Egli odia i peccati, ma che vuole salvare i peccatori, e Dio, era contento di lui e lo amava molto. Infine, l'Eterno ascoltò la preghiera d'amore di Mosè e non distrusse i figli di Israele.

Immaginate, da un lato un diamante, dalle dimensioni di un pugno, impeccabile; dall'altro migliaia di rocce. Cos'è più prezioso? Non importa quante pietre ci siano, nessuna vale il diamante. Allo stesso modo, il valore di Mosè, una persona che aveva raggiunto lo scopo della coltivazione umana, era ben più prezioso di milioni di persone (Esodo 32:10).

Numeri 12:3 parla di lui in questi termini: *"Or Mosè era un uomo molto umile, più di ogni altro uomo sulla faccia della terra"* e, in Numeri 12:7 Dio dice di lui: *"Non così con il mio servo Mosè, che è fedele in tutta la mia casa"*.

La Bibbia ripete in molti passaggi quanto Dio abbia amato Mosè. Esodo 33:11 dice: *"Or il Signore parlava con Mosè faccia a faccia, come un uomo parla col proprio amico; poi Mosè tornava all'accampamento; ma Giosuè, figlio di Nun, suo giovane aiutante, non si allontanava dalla tenda"*. Infine, in Esodo 33, Mosè chiede a Dio di mostrarsi a lui e Dio gli risponde.

L'apostolo Paolo appare come Dio

L'apostolo Paolo ha dedicato al Signore l'intera sua vita, eppure il suo cuore era sempre spezzato a causa del suo passato, per aver perseguitato il Signore. Così, volontariamente accolse tutte le dure prove che visse, dicendo: *"...perché io sono il minimo degli apostoli, e non sono degno di essere chiamato apostolo, perché ho perseguitato la chiesa di Dio"* (1 Corinzi 15:9).

Fu imprigionato e picchiato talmente tante volte da aver perso il conto, spesso in pericolo di vita, cinque volte sottoposto alle 39 frustate ebree, tre volte picchiato con le verghe, una volta lapidato, tre volte naufragò, viaggiò senza sosta, attraversò fiumi, si salvò dai briganti, dai suoi connazionali, dai pagani, fu esposto a pericoli in città, nel deserto, sul mare, fra i falsi fratelli. Lavorò senza sosta, vegliò senza fine e soffrì fame e sete, frequenti digiuni, freddo e nudità.

Le sue sofferenze furono così grandi che in 1 Corinzi 4:9 dice: *"Poiché io ritengo che Dio abbia messo in mostra noi, gli apostoli, ultimi fra tutti, come uomini condannati a morte; poiché siamo diventati uno spettacolo al mondo, agli angeli e agli uomini".*

Per quale ragione Dio ha permesso che l'apostolo Paolo, un uomo così fedele, soffrisse così tante persecuzioni e difficoltà? Dio voleva che Paolo si presentasse davanti a Lui come una persona dal cuore perfetto, limpido come il cristallo. Ogni volta, nonostante le situazioni terribili che viveva, malgrado potesse essere arrestato o ucciso da un momento all'altro, il suo unico conforto e la sua unica gioia venivano da Dio. Egli rinnegò di sua spontanea volontà tutto ciò che era e che aveva per il Signore.

La dichiarazione d'amore di Paolo per il suo Signore è così toccante perché è quella di una persona meravigliosa, malgrado le prove. Non cercò mai di evitare le difficoltà che la professione del Vangelo e il suo amore per la Chiesa gli procuravano, in 2 Corinzi 11:28 scrive: *"Oltre a tutto il resto, sono assillato*

223

ogni giorno dalle preoccupazioni che mi vengono da tutte le chiese".

Inoltre, in Romani 9:3, riguardo a quelli che volevano ucciderlo, scrive: *"...perché io stesso vorrei essere anatema, separato da Cristo, per amore dei miei fratelli, miei parenti secondo la carne..."*, dove "i miei fratelli, i miei parenti" sono gli ebrei e farisei che lo perseguitavano così duramente.

Atti 23:12-13 dice: *"Quando fu giorno, i Giudei ordirono una congiura, e con imprecazioni contro se stessi fecero voto di non mangiare né bere finché non avessero ucciso Paolo. Or quelli che avevano fatto questa congiura erano più di quaranta".*

Paolo non aveva mai causato loro guai, tanto mento aveva mai mentito loro o fatto loro del male. Ma, proprio perché predicava il Vangelo secondo la potenza di Dio, congiurarono di ucciderlo.

Tuttavia, egli pregava per loro, per la loro salvezza, anche se questo significava che avrebbe potuto perdere la propria di salvezza. Questo è il motivo per cui Dio gli ha dato un così grande potere: Paolo aveva coltivato un cuore e una bontà così grandi da essere pronto a sacrificare la propria vita per coloro che cercavano di fargli del male. Dio gli fece compiere opere straordinarie, dandogli autorità sopra gli spiriti maligni e le malattie, tanto che la gente gli portava fazzoletti o grembiuli, lui pregava su questi e, al contatto con tali oggetti, la gente guariva.

Li chiamò dèi

Giovanni 10:35 dice: *"Se chiama dèi coloro ai quali la parola di Dio è stata diretta (e la Scrittura non può essere annullata)..."*. Quando riceviamo la Parola di Dio e la mettiamo in pratica, diventiamo persone di verità, vale a dire, persone di spirito, e, in questo modo, assomigliamo a Lui, che è spirito. Più gli assomigliamo, più diventiamo degli esseri che sono simili a Dio.

In Esodo 7:1 il Signore dice a Mosè: *"Vedi, io ti ho stabilito come Dio per il faraone e tuo fratello Aaronne sarà il tuo profeta"*, e in Esodo 4:16: *"Egli parlerà per te al popolo; così ti servirà da bocca e tu sarai per lui come Dio"*. Come appena letto, Dio elargì a Mosè un potere così grande che Mosè apparve agli uomini come un Dio.

In Atti 14, nel nome di Gesù Cristo, l'apostolo Paolo fa alzare e camminare un uomo che non aveva mai camminato in vita sua, e, la gente era così stupita, che disse: *"Gli dèi hanno preso forma umana, e sono scesi fino a noi"* (Atti 14:11). Come in questo esempio, coloro che camminano con Dio, possono apparire simili a Dio perché sono uomini di spirito, anche se hanno un corpo fisico.

Questo è il motivo per cui in 2 Pietro 1:4 sta scritto: *"Attraverso queste ci sono state elargite le sue preziose e grandissime promesse perché per mezzo di esse voi diventaste partecipi della natura divina dopo essere sfuggiti alla corruzione che è nel mondo a causa della concupiscenza".*

Rendiamoci conto che il desiderio ardente di Dio è che tutti gli uomini siano resi partecipi della natura divina, che si liberino della carne che perisce e che diano vita al loro spirito per mezzo dello Spirito Santo. È solo così che si partecipa alla natura divina.

Una volta raggiunto il livello di spirito completo, significa che abbiamo recuperato lo spirito interamente. Recuperare lo spirito completamente vuol dire che abbiamo recuperato l'immagine di Dio che era andata persa a causa del peccato di Adamo, e quindi, che stiamo partecipando alla natura divina di Dio.

Una volta raggiunto questo livello, possiamo ricevere il potere che appartiene solo a Lui. La potenza di Dio è un dono che viene dato a quei figli che gli somigliano (Salmo 62:11). L'evidenza di aver ricevuto il potere di Dio viene mostrata attraverso segni, prodigi, miracoli straordinari, e cose meravigliose, che sono tutte manifestazioni delle opere dello Spirito Santo.

Se riceviamo un tale potere, siamo in grado di condurre un numero innumerevole di anime sulla via della vita e della salvezza. Pietro eseguì molte grandi opere per la potenza dello Spirito Santo.

Solo predicando, una volta, più di cinque mila uomini furono salvati. Il potere di Dio è la prova che Egli vive e opera attraverso quella persona particolare, oltre che un modo sicuro di piantare la fede nel popolo.

La gente non crede quasi mai, a meno che non vede segni e

prodigi (Giovanni 4:48). Perciò Dio manifesta la Sua potenza attraverso uomini di spirito completo, in modo che le persone possano credere nel Dio vivente, il Salvatore Gesù Cristo, nell'esistenza del Paradiso e dell'Inferno, e, nella veridicità della Bibbia.

Capitolo 4

Il regno spiritual

La Bibbia parla spesso del regno spirituale,
del reame spirituale dove andremo dopo la vita su questa terra.

L'apostolo Paolo conosceva i segreti del regno spirituale

Il regno spirituale senza confini raffigurato nella Bibbia

Il cielo e l'inferno esistono

La vita dopo la morte per le anime che non vengono salvate

Come il sole e la luna differiscono in gloria

Il cielo non può essere paragonato con il Giardino dell'Eden

La Nuova Gerusalemme, il miglior regalo per i veri figli

Quando le persone che hanno recuperato l'immagine perduta di Dio terminano la loro vita terrena, ritornano nel regno spirituale. A differenza del nostro regno fisico, il regno spirituale è un luogo senza limiti. Non possiamo misurarne l'altezza, la profondità, o la larghezza.

Tale vasto regno può essere suddiviso in spazio di luce, che appartiene a Dio, e spazio di oscurità, dove sono stati ammessi gli spiriti maligni. Nello spazio di luce c'è il Regno dei Cieli, preparato per i figli di Dio che sono salvati dalla fede. Ebrei 11:1 dice: *"1 Or la fede è certezza di cose che si sperano, dimostrazione di realtà che non si vedono"*. Il regno spirituale, quindi, è un mondo che non può essere visto con i nostri occhi naturali, ma, come nel mondo fisico esiste il vento che non può essere concretamente visualizzato, così le testimonianze che attestano la sua realtà, confermano l'esistenza del mondo spirituale.

La fede è la porta che ci collega con il mondo spirituale. È il modo, per noi, che viviamo in questo mondo fisico, per incontrare Dio, che è nel regno spirituale. Con la fede, siamo in grado di comunicare con Dio che è spirito. Possiamo ascoltare e comprendere la Parola di Dio, infatti, attraverso le nostre orecchie spiritual aperte e con i nostri occhi spirituali dischiusi, siamo in grado di vedere il regno spirituale, che non può essere visto con gli occhi fisici.

Col crescere della nostra fede, crescerà in noi anche la speranza del regno celeste e comprenderemo il cuore di Dio più profondamente. Più sentiamo e conosciamo il suo amore, più non possiamo evitare di amarlo. Inoltre, una volta che possediamo la fede perfetta, le cose del regno spirituale ci saranno manifestate, cose che sono assolutamente impossibili in questo mondo fisico, perché Dio sarà con noi.

L'apostolo Paolo conosceva i segreti del regno spirituale

A partire da 2 Corinzi 12:1 Paolo spiega la sua esperienza nel campo spirituale dicendo: *"Bisogna vantarsi? Non è una cosa buona; tuttavia verrò alle visioni e alle rivelazioni del Signore"*. Paolo fece l'esperienza di essere stato rapito in Paradiso, nel regno celeste, nel terzo cielo.

In 2 Corinzi 12:6, dice: *"Pur se volessi vantarmi, non sarei un pazzo, perché direi la verità; ma me ne astengo, perché nessuno mi stimi oltre quello che mi vede essere, o sente da me"*. L'apostolo Paolo visse molte esperienze spirituali e ricevette molte rivelazioni di Dio, ma non riusciva a parlare di tutto quello che sapeva sul regno spirituale.

In Giovanni 3:12, Gesù disse: *"Se vi ho parlato delle cose terrene e non credete, come crederete se vi parlerò delle cose celesti?"* Anche dopo aver visto le tante opere potenti con i propri occhi, i discepoli di Gesù non crebbero in Lui completamente fino a quando assistettero alla sua risurrezione. Dopo di che, dedicarono la loro vita al regno di Dio e alla diffusione del Vangelo. L'apostolo Paolo conosceva il regno spirituale molto bene e ha completamente adempiuto al suo dovere, dedicando a Dio tutta la sua vita.

Ma esiste un modo in cui sentire e comprendere il misterioso regno spirituale, come ha fatto Paolo? Naturalmente, c'è. Prima di tutto, dobbiamo desiderare il regno spirituale, la nostalgia ardente sarà per Lui la dimostrazione che amiamo Dio, che è spirito.

Il regno spirituale senza confini raffigurato nella Bibbia

Nella Bibbia troviamo molti riferimenti al regno spirituale e alle esperienze spirituali. Adamo è stato creato come un essere vivente, uno spirito vivente che poteva comunicare con Dio. Anche dopo di lui, ci sono stati molti profeti che hanno comunicato con Dio e, a volte sentito la voce di Dio direttamente (Genesi 5:22, 9:9-13, Esodo 20:1-17, Numeri 12:08). A volte, degli angeli hanno consegnato il messaggio di Dio agli uomini. Ci sono anche riferimenti riguardo le quattro creature viventi (Ezechiele 1:4-14), i cherubini (2 Samuele 6:2; Ezechiele 10:1-6), i cavalli di fuoco e ai carri di fuoco (2 Re 2:11, 6:17), tutti esseri che appartengono al regno spirituale.

Il Mar Rosso è stato diviso in due. Acqua è uscita fuori da una roccia attraverso Mosè. Il sole e la luna si sono fermati con la preghiera di Giosuè. Elia pregò e Dio fece scendere fuoco dal cielo. Dopo aver finito tutte le sue funzioni su questa terra, Elia fu assunto in cielo in un turbine. Questi sono solo alcuni esempi di casi in cui il regno spirituale è entrato in contatto con questo spazio fisico.

Inoltre, in 2 Re 6, quando l'esercito di Aram catturò Eliseo, al suo servo Ghecazi, furono aperti gli occhi spirituali, il quale testimoniò di aver visto cavalli e carri di fuoco che circondavano Eliseo per proteggerlo. Daniele fu gettato nella fossa dei leoni a causa del piano malvagio dei suoi colleghi ministri, ma non fu neanche sfiorato dalle fiere perché Dio ha mandato il suo angelo a chiudere le bocche dei leoni. Daniele e i suoi tre amici disobbedirono al re, al fine di mantenere la loro fede, e furono gettati nella fornace ardente, eppure, non solo ne uscirono vivi ma neanche un solo loro capello fu bruciato.

Il Figlio di Dio, Gesù, prese forma umana quando venne su questa terra, eppure manifestò le cose del regno spirituale, le cose non vincolate dai limiti dello spazio fisico. Resuscitò i morti, guarì malattie croniche, camminò sulle acque. Inoltre, dopo la sua risurrezione, all'improvviso apparve ai suoi due discepoli che erano sulla via di Emmaus (Luca 24:13-16), passò attraverso le pareti della casa dove stavano i discepoli che si erano serrati in casa per paura degli ebrei (Giovanni 20:19).

Questo è in realtà il teletrasporto, che trascende lo spazio fisico. Il regno spirituale trascende i limiti del tempo e dello spazio, perché esiste in uno spazio diverso da quello materiale, che è invisibile ai nostri occhi, e Lui si muoveva lungo questo spazio, comparendo e scomparendo come voleva in qualsiasi momento e luogo.

Quei figli di Dio che hanno la cittadinanza del Cielo sentono la nostalgia per le cose spirituali e Dio lascia che queste persone sperimentino il regno spirituale, come ha detto in Geremia 29:13: *"Voi mi cercherete e mi troverete, perché mi cercherete con tutto il vostro cuore..."*.

Dio può aprire i nostri occhi spirituali, quando ci liberiamo della nostra auto-giustizia e delle nostre idee radicate.

L'apostolo Giovanni è stato uno dei dodici discepoli di Gesù (Apocalisse 1:1, 9). Nel 95 dC, fu arrestato da Domiziano, l'imperatore di Roma, e gettato in olio bollente. Non morì e quindi fu esiliato a Patmos, l'isola del Mar Egeo, da dove scrisse il libro dell'Apocalisse.

Perché Giovanni potesse ricevere quelle rivelazioni profonde, doveva avere le qualifiche per farlo: doveva essere santo, privo di qualsiasi forma di male, con il cuore del Signore. Lo Spirito Santo poteva rivelargli le cose profonde di Dio solo attraverso preghiere ferventi offerte con un cuore del tutto puro e santo.

Il cielo e l'inferno esistono

Il paradiso e l'inferno esistono nel mondo spirituale. Poco dopo aver aperto la chiesa Manmin, Dio mi mostrò, una volta, il paradiso e l'inferno. La bellezza e la felicità del paradiso non possono essere espresse o spiegate con le parole.

Al tempo del Nuovo Testamento, coloro che accettavano Gesù Cristo come loro personale Salvatore, ricevevano il perdono dei peccati e la salvezza. Prima di Gesù, dopo la morte, si andava nella tomba superiore, lì si rimaneva per tre giorni di adeguamento al regno spirituale, e poi si veniva portati nel paradiso, in attesa del regno dei cieli. Il padre della fede, Abramo era il responsabile della tomba superiore fino a quando il Signore Gesù ascese al cielo. (Per questo si trova nella Bibbia il racconto del povero Lazzaro che si trovava nel seno di Abramo).

Gesù, dopo la morte sulla croce, predicò il Vangelo alle anime che si trovavano nella tomba superiore (1 Pietro 3:19), dopo di che, risorse. Da allora, le anime dei salvati restano nel luogo di attesa del cielo, situato alla periferia del paradiso. Dopo che il giudizio del grande trono bianco sarà finito, le anime saranno inviate nei loro rispettivi luoghi di abitazione celesti, secondo la misura di fede di ciascuno, e lì vivranno per sempre.

Durante il giudizio del grande trono bianco, che si terrà al termine della coltivazione umana, Dio giudicherà le azioni di chiunque sia nato fin dalla creazione, se buone o cattive. Si chiama il giudizio del grande trono bianco, perché il trono del giudizio di Dio è così luminoso e brillante che sembra completamente bianco (Apocalisse 20:11).

Questo grande giudizio si terrà dopo la seconda venuta del Signore, e alla fine del Millennio. Per le anime salvati, sarà il giudizio dei premi, e per coloro che non lo sono, sarà il giudizio della punizione.

La vita dopo la morte per le anime che non vengono salvate

Quelli che non hanno accettato il Signore e quelli che hanno professato la loro fede in Lui, ma non sono stati salvati, dopo la morte, verranno presi da due messaggeri dell'inferno. Resteranno in un posto simile a una grande buca per tre giorni per prepararsi a vivere nella tomba inferiore, dove li attende solo dolore tremendo. Dopo i tre giorni, saranno spostati nella tomba inferiore, dove riceveranno le rispettive pene in base ai loro peccati. La tomba inferiore è una luogo che appartiene all'inferno, ed è tanto vasta quanto il cielo, divisa in molti luoghi diversi per accogliere le anime che non sono salvate.

Prima che abbia luogo il giudizio del grande trono bianco, queste anime rimangono nella tomba inferiore e ricevono vari tipi di punizioni. Tali punizioni includono la lacerazione inflitta da insetti o altri animali e la tortura ad opera dei messaggeri dell'inferno. Dopo il giudizio del grande trono bianco, saranno mandate in uno stagno di fuoco e zolfo (anche conosciuto come il lago di fuoco e di zolfo) dover riceveranno la sofferenza per sempre (Apocalisse 21:8).

La pena del lago di fuoco e di zolfo è incomparabilmente più dolorosa rispetto la punizione nella tomba inferiore. Il fuoco dell'inferno è incredibilmente caldo. Il lago di zolfo è sette volte più rovente del lago di fuoco, dove saranno lasciate le anime di quelle persone che hanno commesso peccati imperdonabili, come, ad esempio, bestemmiare contro lo Spirito Santo.

Dio una volta mi ha mostrato il lago di fuoco e il lago di zolfo. Uno spazio infinito, ricoperto da qualcosa simile al vapore che sale dalle sorgenti di acqua calda, dove non riuscivo a distinguere le persone, ma sapevo che c'erano. Alcuni erano immersi fino al petto, altri fino al collo. Nel lago di fuoco, le anime si contorcevano e urlavano, ma nel lago di zolfo, il dolore era così grande che non potevano nemmeno contorcersi. Dobbiamo credere che questo mondo invisibile sicuramente esiste, e per questo, dobbiamo vivere secondo la Parola di Dio, in modo da assicurarci la salvezza.

Come il sole e la luna differiscono in gloria

Per spiegare come sarà il nostro corpo dopo la risurrezione, l'apostolo Paolo dice: *"Altro è lo splendore del sole, altro lo splendore della luna, e altro lo splendore delle stelle; perché un astro è differente dall'altro in splendore"* (1 Corinzi 15:41).

La gloria del sole si riferisce alla gloria di coloro che hanno completamente gettato via i loro peccati, che si sono santificati, e sono rimasti fedeli in tutto alla casa di Dio su questa terra. La gloria della luna è un chiaro riferimento della gloria di coloro che non hanno raggiunto il livello della gloria del sole. La gloria delle stelle è data a quelli che hanno raggiunto anche meno della gloria della luna. Inoltre, come ogni astro è differente dall'altro, tutti potranno ricevere la gloria, in misura diversa e con diverse ricompense.

La Bibbia ci dice che la gloria che ognuno riceverà in paradiso è diversa. Le dimore celesti e le ricompense del cielo saranno diverse a seconda di quanto ci siamo liberati dei peccati, della nostra fede spirituale, e di come siamo stati fedeli al regno di Dio.

Il regno dei cieli ha molte dimore e a ognuno sarà donata una dimora secondo la sua misura di fede. Il paradiso è per coloro con la misura di fede più piccola. Il Regno dei Cieli è un livello più alto il Paradiso, il secondo cielo migliore del primo, e il terzo più glorioso del secondo. Nel Terzo Regno dei Cieli si trova la Nuova Gerusalemme, dove risiede il trono di Dio.

Il cielo non può essere paragonato con il Giardino dell'Eden

Il Giardino dell'Eden è un posto bellissimo e tranquillo alla cui bellezza non può essere paragonato neanche il luogo più bello di questa terra. Eppure, il Giardino dell'Eden non è nemmeno lontanamente comparabile con il regno dei cieli. La felicità del Giardino dell'Eden e quella del regno dei cieli sono completamente diverse perché il giardino dell'Eden è nel secondo cielo, mentre il regno dei cieli si trova nel terzo cielo. Inoltre, quelli che vivono nel Giardino dell'Eden non sono veri figli che hanno subito il processo di coltivazione umana.

Per meglio comprendere la differenza tra questi luoghi, diciamo che la vita terrena è una vita al buio, senza luci, quella nel giardino dell'Eden è una vita illuminata da una lampada, e la vita in cielo è illuminata da luci elettriche e splendenti. Prima che fosse inventata la lampadina, venivano usate le lampade, che erano piuttosto deboli, sebbene migliori delle candele. Poi quando la gente vide la luce elettrica, tutti rimasero grandemente stupiti.

Come è già stato detto, diverse dimore celesti saranno donate alle persone secondo la misura della loro fede e del cuore di spirito che hanno coltivato durante la loro vita terrena. E, ogni dimora celeste è significativamente diversa dalle altre, in gloria e felicità. La Nuova Gerusalemme, dove si trova il trono di Dio, è la dimora di quelli che hanno superato il livello di santificazione e sono diventati uno spirito completo.

La Nuova Gerusalemme, il miglior regalo per i veri figli

Come disse Gesù in Giovanni 14:2, *"Nella casa del Padre*

mio ci sono molte dimore; se no, vi avrei detto forse che io vado a prepararvi un luogo?", in realtà, il cielo è fatto di tanti luoghi diversi. Oltre alla Nuova Gerusalemme, che ospita il trono di Dio, vi è anche il Paradiso, che è il luogo dove risiederanno coloro che hanno appena ricevuto la salvezza.

La Nuova Gerusalemme, chiamata anche la "Città della Gloria", è il posto più bello tra tutte le dimore celesti. Dio vuole che tutti, non solo ricevano la salvezza, ma dimorino per sempre in questa città (1 Timoteo 2:4).

Come il raccolto di un agricoltore non è tutto composto solo di grano di primissima qualità, allo stesso modo, non tutti quelli che attraversano la coltivazione umana diventano veri figli di Dio dallo spirito completo. Quindi, per coloro a cui non è dato di entrare nella Nuova Gerusalemme, Dio ha preparato molti altri luoghi, a partire dal Paradiso fino al primo, secondo e terzo cielo.

Il paradiso e la Nuova Gerusalemme sono veramente tanto diversi, tanto quanto lo sono una capanna e un palazzo reale. Proprio come i genitori vorrebbero dare ai loro figli le migliori cose possibili, Dio vuole che tutti diventiamo suoi figli per condividere con Lui l'eternità nella Nuova Gerusalemme.

L'amore di Dio non è limitato solo verso un certo gruppo di persone, Egli lo dona a chiunque accetta Gesù Cristo. Ma le dimore celesti e le relative ricompense, come la misura dell'amore di Dio, saranno elargiti in modo diverso, secondo la misura di fede e di santità di ognuno.

Quelli che vanno in Paradiso, nel primo o nel secondo regno dei cieli, non si sono liberati della loro carne completamente, e non sono in realtà veri figli di Dio. Proprio come i bambini piccoli non riescono a capire tutto ciò che riguarda i loro genitori, è difficile per loro capire il cuore di Dio. Pertanto, anche l'amore e la giustizia e le dimore che Egli ha preparato sono diverse, secondo la misura della fede di ognuno. Così come è più piacevole stare in giro con degli amici coetanei, è più confortevole e piacevole per i cittadini celesti stare vicino a quelli che hanno livelli simili di fede.

La Nuova Gerusalemme è anche la prova che Dio si è guadagnato frutti perfetti attraverso la coltivazione umana. Le dodici pietre di fondazione della città, dimostrano che i cuori dei figli di Dio che entrano nella città, sono belli come quelle gemme preziose. Il cancello di perla dimostra che i figli che passano attraverso quelle porte sono diventati resistenti, forti, così come le conchiglie che producono le perle attraverso il processo che le rende resistentissime.

Quelli che attraversano le porte di perle, ricordano dei tempi della loro pazienza e perseveranza durante la loro vita terrena, quando camminano sulle strade d'oro, vengono ricordati delle vie della fede che hanno preso su questa terra. Le dimensioni e le decorazioni delle case date a ciascuno parlano di quanto hanno amato Dio e il modo in cui gli hanno dato gloria con la loro fede.

Chi entra nella Nuova Gerusalemme, i veri figli di Dio, possono vederlo faccia a faccia, perché hanno coltivato un cuore puro e bello come il cristallo. Essi verranno serviti da numerosi angeli e vivranno nella felicità eterna e nella gioia. Si tratta di un posto estatico e santo al di là di ogni immaginazione umana.

Nel cielo ci sono anche vari tipi di libri: il libro della vita, dove sono scritti i nomi di coloro che sono salvati, il libro delle memorie, dove sono registrate le cose che devono essere ricordate per sempre. Quest'ultimo è di colore dorato e ha decorazioni nobili e regali sulla copertina, si può facilmente notare che si tratta di un libro di grande valore. In questo libro sono stati registrati in dettaglio eventi e situazioni importanti che riguardano cose che le persone hanno fatto per il regno di Dio, e in questo libro, alcuni passaggi sono video.

Ad esempio, è in questo libro che è possibile rivedere quando Abramo ha offerto suo figlio Isacco come olocausto, Elia che ha fatto cadere il fuoco dal cielo, Daniele protetto nella fossa dei leoni, o i tre amici di Daniele che escono indenni dalla fornace ardente e danno gloria a Dio. Dio sceglie un giorno prezioso e, in quel giorno, apre il libro in una certa parte e la racconta ai suoi figli, che ascoltano con felicità e gli rendono gloria con lodi.

Inoltre, nella Nuova Gerusalemme, si terranno molte cene e banchetti, alcuni ospitati da da Dio Padre, alcuni dal Signore, altri dallo Spirito Santo, e anche da profeti come Elia, Enoch, Abramo, Mosè, e dall'apostolo Paolo. I credenti a volte possono anche invitare altri fratelli per i banchetti, che sono il culmine

241

della gioia della vita celeste, dove sono visibili, a colpo d'occhio, l'abbondanza, la libertà, la bellezza e la gloria del Cielo.

Anche su questa terra, quando siete invitati a un ricevimento o a un banchetto, vi vestite bene. Così sarà in cielo. Nei banchetti del cielo, gli angeli si esibiscono in canti, danze e musica. I figli di Dio possono cantare e ballare al ritmo di queste canzoni e, il suono della musica è accompagnato da vocio e risate felici. Essi intrattengono conversazioni gioiose con i fratelli di fede, oppure salutano i patriarchi della fede che vogliono incontrare.

Se sono invitati a un banchetto tenuto dal Signore, i credenti si preparano con tutto il loro impegno come la spose più bella, essendo il Signore il nostro sposo spirituale. Quando la sposa del Signore arriva di fronte al castello dove Egli abita, due angeli umilmente la ricevono da entrambi i lati della porta, che brilla con riflessi dorati.

Le mura del castello sono decorate con pietre preziose e la parte superiore del muro è impreziosita da splendidi fiori, che emanano un aroma dolce per le spose del Signore, che sono appena arrivate lì. Mentre vanno nel castello, un suono di musica che tocca anche la parte più profonda dello spirito si diffonde nell'aria, e i credenti, sentendo la felicità e l'armonia di quel suono di lode, ne sono profondamente commossi, rendono grazie, pensano all'amore di Dio che li ha guidati fino in quel luogo.

Mentre percorrono la strada d'oro per l'edificio principale del castello del Signore, guidati dagli angeli, i loro cuori sono pieni di ringraziamento. Avvicinandosi all'edificio principale, scorgono il Signore che è fuori a riceverli, e a questa vista i loro occhi si riempiono di lacrime, e corrono verso il Signore perché vogliono incontrarlo il prima possibile.

Il Signore li abbraccia a uno a uno con il volto pieno di amore e di compassione e le braccia aperte. Lui li accoglie dicendo: "Veni mia sposa bellissima! Benvenuta!" I credenti accolti così calorosamente dal Signore gli rendono grazie con tutto il cuore dicendo: "Ti ringrazio davvero per avermi invitato!", e, proprio come gli innamorati camminano mano nella mano con il Signore, senza essere troppo distratti da ciò che vedono, e Gli parlano, di tante cose, anche di cose che riguardano quella che è stata la loro esistenza sulla terra.

La vita nella Nuova Gerusalemme significa vivere con il Dio Uno e Trino, ed è piena di amore, gioia, felicità e contentezza. Nella città santa vediamo il Signore faccia a faccia, ci riposiamo sul suo seno, viaggiamo con Lui, e godremo di molte altre cose con Lui! Che vita felice! Per arrivare a tale felicità, dobbiamo diventare santi e diventare uomini dallo spirito completo, uomini e donne il cui cuore assomigli al cuore del Signore.

Pertanto, cerchiamo di raggiungere rapidamente lo spirito completo, con la speranza di ricevere le benedizioni sulla terra di una vita piena e in buona salute, le benedizioni dell'anima nostra che prospera, per poi passare l'eternità il più possibile vicino al trono di Dio nella gloriosa città della Nuova Gerusalemme.

Note sull'autore
Dott. Jaerock Lee

Il Dott. Lee è nato nel 1943, a Muan, in provincia di Jeonnam, nella Repubblica della Corea. Intorno ai vent'anni iniziò a soffrire di varie malattie incurabili. Dopo sette anni di sofferenza e senza alcuna speranza di guarigione, non gli restava che aspettare la morte. Un giorno, nella primavera del 1974, fu condotto in una chiesa da sua sorella e come si inginocchiò per pregare, l'Iddio vivente lo guarì immediatamente da tutte le sue malattie.

Dall'istante in cui ha incontrato l'Iddio vivente attraverso quell'esperienza meravigliosa, lo ha amato con tutto il suo cuore e tutta la sincerità di cui era capace. Nel 1978 fu chiamato ad essere un servitore di Dio. Seguì un periodo di preghiera profonda in modo da comprendere e compiere chiaramente la Sua volontà. Nel 1982, ha fondato la Chiesa Centrale del Ministerio Manmin in Seoul, Sud Corea e compiuto innumerevoli opere per mano di Dio, incluse guarigioni miracolose e molti miracoli.

Nel 1986, Il Dott. Lee è stato ordinato pastore durante la Riunione Annuale della Jesus' Sungkyul Church of Korea, e quattro anni più tardi nel 1990, i suoi sermoni cominciarono ad essere trasmessi in onda dalla Far East Broadcasting Company, dalla Asia Broadcast Station, and the Washington Christian Radio System fino in Australia, Russia, Filippine e molte altre nazioni.

Tre anni più tardi nel 1993, la Manmin Central Church è stata nominata tra le «50 Chiese più grandi del mondo» dal periodico cristiano *Christian World Magazine* (Stati Uniti). Inoltre, il Dott. Lee ha ricevuto un Dottorato Onorario presso l'università cristiana, «Christian Faith

College», Florida, Stati Uniti e nel 1996 un Dottorato Ministeriale presso l'università teologica «Kingsway Theological Seminary», Iowa, Stati Uniti.

Dal 1993 il Dott. Lee ha intrapreso la direzione di una visione missionaria mondiale esplicitandola attraverso crociate all'estero, di cui alcune svoltesi a Los Angeles, Baltimora, New York (Stati Uniti), Tanzania, Argentina, Uganda, Giappone, Pakistan, Kenia, la Filippine, Honduras, India, Russia, Germania, Perù, nella Repubblica Democratica del Congo, Israele e Estonia. Nel 2002 molte riviste e giornali cristiani in Corea lo hanno definito «pastore mondiale» in riferimento al suo lavoro missionario all'estero.

Ad oggi, agosto 2014, la Chiesa Manmin Centrale è una congregazione che conta oltre 120.000 membri e 10.000 chiese affiliate, nazionali ed estere, ha commissionato più di 123 missionari in 23 paesi, inclusi Stati Uniti, Russia, Germania Canada, Giappone Cina, Francia India, Kenia ed altri.

Fino a questo momento Il Dott. Lee ha scritto 93 libri, inclusi i best-seller: *Gustare la Vita Eterna prima della Morte*, *La Mia Vita*, *La Mia Fede*, *Il Messaggio della Croce*, *La Misura della Fede*, *Cielo I e II*, *Inferno*, e *La potenza di Dio*, tradotti in più di 76 lingue.

Il Dott. Lee è attualmente fondatore e presidente di un notevole numero di organizzazioni missionarie, oltre ad essere il presidente della chiesa «United Holiness Church of Jesus Christ», delle missioni mondiali Manmin, del «GCN», network coreano di televisioni cristiane, del «WCDN» il primo network mondiale di medici e dottori cristiani e del «MIS» il seminario internazionale del ministerio Manmin.

Cielo I e II

Uno schema dettagliato dell'ambiente meraviglioso che i cittadini del cielo godranno immersi nella gloria di Dio, la Nuova Gerusalemme e il regno dei cieli.

Il Messaggio della Croce

Un messaggio potente e rinvigorente per tutti quelli che sono spiritualmente sonnecchianti. In queste pagine troverete l'amore vero di Dio e le ragioni per cui Gesù è l'unico Salvatore.

Inferno

Un accorato messaggio divino a tutto il genere umano. Dio desidera che ogni anima sia salvata e non precipiti all'inferno! Questo libro svela dettagli e racconti sulle crudeltà dell'inferno come mai sono stati narrati prima.

La Potenza di Dio

Una guida essenziale per il credente su come possedere la vera fede e sperimentare la potenza mirabile di Dio.

La Misura della Fede

Quale regno, quale corona e quale ricompensa sono state preparate per voi in cielo? Questo libro provvede, con sapienza e rivelazione, una guida alla comprensione del concetto di «misura di fede» per maturare nella tua fede.

Risvegliati Israele!

Perché Dio ha mantenuto i suoi occhi su Israele dal principio del mondo fino ad oggi? Che tipo di Sua provvidenza è stato preparato per Israele negli ultimi giorni, che attendono il Messia?

La Mia Vita, La Mia Fede I e II

L'autobiografia del Dott. Jaerock Lee. Un aroma spirituale fragrante per il lettore, che, attraverso la vita del pastore Lee, testimonierà dell'amore di Dio che ha rotto il giogo della disperazione più profonda.

Gustare la Vita Eterna prima della Morte

La testimonianza tratta dalle memorie personali del Dott. Jaerock Lee, che, nato di nuovo, è stato salvato dalla valle della morte per poi vivere una vita cristiana esemplare.